Basic Business
Research Methods
for Beginners

アナリストが教える
リサーチの教科書

自分でできる情報収集・分析の基本

高辻成彦
Takatsuji Naruhiko

ダイヤモンド社

はじめに
リサーチ精神を持とう
Spirit

ビジネスリサーチというカテゴリー

　この本は、ビジネスリサーチの基礎についてまとめた本です。筆者は、日本のビジネススクールの卒業生です。在学中には既にグロービスのMBAシリーズがダイヤモンド社から多く出版されており、マネジメント系の授業に備えて読みました。ビジネススクールでは、自学自習が前提で、マネジメント系の授業はケースメソッドが中心です。経営戦略、マーケティング、アカウンティング、ファイナンス、人事・組織など、マネジメントに関するさまざまな講義があります。しかし、一つだけなかったのが、ビジネスリサーチでした。マーケティングリサーチなる授業はありますが、どうも普段、ビジネスの現場で実施する調べごとよりもハードルが高いのです。既にある一次情報をかき集めるだけでも情報収集はできますが、その調べ方を教えてくれる授業はどこにもなかったのです。

　皆さん、社会人になってから、調べ方はご自身で習得された経験が多いのではないでしょうか。一から十まで研修などで教えてもらった、なんてありがたい経験はなかなかないと思います。調査業務の世界でもこれは同じです。ある程度のことはベテランから若手に教えられることもありますが、若手とベテランでは経験値の差が大きいですし、教えてもらっても、そのケースについては解決しても、すぐに何にでも対応できるほどの実力が付くものでもありません。

　幸い、筆者は国家公務員だった頃に経済統計の作成を担当していた時期があり、経済統計の基礎的な見方は知っていたことと、ビジネススクールでマネジメント科目の最低限の知識は持っていたため、その後の調査業務の経験に大いに役立ちました。しかし、調べ方そのものについては我流によるところが大きいです。世間的には調べ方を教えてもらえるカルチャーは定着していないように思います。そもそも、教える側が調べ方を熟知しているのでしょうか。聞かれても、「そんなの、自分で調べろ」で終わっているのが現状ではないでしょ

うか。そんな、特定の人にスキルが集中するような、非効率なカルチャーはなくしたい、との思いから、この本の執筆を思い立ちました。

リサーチ精神を持とう

　皆さんにぜひ、お勧めしたいことは、「日頃からリサーチ精神を持とう」ということです。リサーチの世界は、誰かに言われてやるものではなく、自分から率先して動かないと務まらない分野です。調べても、決まった正解は存在しません。より精度の高い結論にたどり着くには、非常に多くの分野に関する雑学を必要とします。雑学を持っていれば持っているほど、武器になります。

　こう言ってしまうと、終わりのない世界のように感じてしまうかもしれません。そもそも、リサーチは、リサーチすること自体が好きな人が向いていると筆者は考えています。要は、好奇心旺盛な人ほど、わからないことを自分から知ろうと行動するので、向いているのです。例えば、アニメ好きな人は、人に言われてアニメの情報を調べるでしょうか。自分から率先して調べていると思います。アニメに関する好奇心が強いからです。野球好きな人は、人に言われて調べているわけではなく、自分から選手の情報や試合観戦のチケットの販売情報を調べるでしょう。野球に関する好奇心が強いからです。

　日頃から世の中の情報をチェックする習慣が付くと、世の中を見る目が変わって楽しくなってくると思います。ぜひ、調べる習慣を付けましょう。
　この本が皆さんにとって、リサーチへの知的好奇心が高まるきっかけになれば幸いです。

　なお、本書に書かれている調べ方は公開情報をベースにしたものです。証券アナリストの分析の基礎にはなりますが、証券アナリストの通常の分析アプローチとは異なることをお断り致します。証券アナリストは通常、数多くの企業を取材し、株式指標を見たり、企業価値評価を行ったりするからです。
　また、本書に書かれている内容は著者個人の見解であり、所属会社とは無関係であることを申し添えます。

アナリストが教える
リサーチの教科書
―――――――――
目次

はじめに —— リサーチ精神を持とう　　　　　　　　　　Spirit

　　ビジネスリサーチというカテゴリー　3
　　リサーチ精神を持とう　4

序章　　　　　　　　　　　　　　　　　　　　　　Suggestion
ビジネスリサーチの
スキルを身に付けよう

1. ビジネスリサーチとは　18
2. 企画書や提案書作成にはビジネスリサーチのスキルが必要　19
3. リサーチの目的と許容出来るコスト・時間を明確化しよう　19
4. 仮説を持ちながらアウトプットを考えよう　20
5. 物事をMECEで構造的に捉える習慣を付けよう　21

第1章　　　　　　　　　　　　　　　　　　　　　　　Skill
ビジネスリサーチの基礎知識

1. ビジネスリサーチで抑えたい4S　24
1. 4Sとは　24
2. Structure　24
3. Statistics　25
4. Share　25
5. Strategy　25

2. 経済統計の見方を身に付けよう　26
1. 比較する期間の名称の違いを抑えよう　26
2. 月次データでトレンドを見る　27

3 四半期データでトレンドを見る　29
　　　4 数値を平均して基調を見出す　29

3. 市場規模の種類を把握しよう　34

　　　1 なぜ、市場規模を把握する必要があるのか　34
　　　2 3B (Billing、Booking、Backlog) で市場規模を把握する　36
　　　3 3B以外の指標　38

4. 経営戦略論の基本を把握しよう　39

　　　1 環境分析　39
　　　2 業界構造分析 (5F分析)　41

5. 財務分析の基本を把握しよう　43

　　　1 収益性分析　43
　　　　① 資本利益率　43
　　　　　1) 自己資本利益率 (株主資本利益率)(ROE: Return On Equity)　43
　　　　　2) 総資本事業利益率 (使用総資本利益率)(ROA: Return On Assets)　44
　　　　② 売上高利益率　44
　　　　　1) 売上高総利益率 (粗利益率)　44
　　　　　2) 売上高営業利益率 (営業利益率)　44
　　　　　3) 売上高経常利益率 (経常利益率)　45
　　　　　4) 売上高当期純利益率 (純利益率)　45
　　　　　5) 売上原価率 (原価率)　45
　　　　　6) 販管費率　46
　　　2 安全性分析　46
　　　　① 短期安全性分析　46
　　　　　1) 流動比率　46
　　　　　2) 当座比率　46
　　　　② 長期安全性分析　47
　　　　　1) 固定比率　47
　　　　　2) 固定長期適合率　47
　　　　③ 資本調達構造分析　47
　　　　　1) 自己資本比率　47

2） 負債比率 47
　3 効率性分析 48
　　　1） 総資産回転率（総資本回転率） 48
　　　2） 売上債権回転率 48
　　　3） 棚卸資産回転率 48
　　　4） 有形固定資産回転率 49
　　　5） 買入債務回転率（仕入債務回転率） 49

第2章　　　　　　　　　　　　　　　　　　　　　Structure

業界の基本構造を調べよう

1. 初期調査に必要な情報とは 52

1 市販書籍の情報収集のコツ 52
　①業界地図本は常に手元に置こう 52
　②製品やサービスの仕組み本を収集しよう 54

2 新聞情報を収集しよう 54
　①日経テレコンは日経グループ記事が豊富 54
　②G-SEARCHは全国紙を網羅 55
　③Dow Jones Factivaは海外情報をカバー 56

3 『業種別審査辞典』をチェックしよう 56

4 民間調査報告書を入手しよう 57
　①国内市場なら矢野経済研究所及び富士経済 57
　②グローバルデータなら外資系 58

5 公的調査報告書を探そう 59

6 どこで初期調査するか 59
　①ウェブ調査は取っかかり 59
　②ジェトロビジネスライブラリーはコンパクト 59
　③国会図書館は新聞記事が豊富 59

④ 業界団体の図書館は業界情報が充実　60
　　　⑤ MDBは調査報告書の宝庫　60

2. 業界の分類方法を考えよう　61
　1　用途別による分類　61
　2　地域別による分類　62
　3　製品・サービスによる分類　63

3. 季節性の有無を考えよう　65
　1　年末に最も需要が増える業界　65
　2　年度末に最も需要が増える業界　65
　3　夏場に最も需要が増える業界　66
　4　それ以外の時期に季節性がある業界　66
　5　季節性の確認方法　66
　6　季節性の応用論点　67
　7　中長期サイクルを抑える　67

4. 規制動向を確認しよう　69
　1　規制が国によって異なることが参入障壁となっている例　69
　2　規制が優位性を生む例　69
　3　規制が駆け込み需要を生む例　70

5. 業界のリスク要因を考えよう　71
　1　原材料価格　71
　2　為替　71
　3　製品価格　72
　4　間接的な変動要素に要注意　72

6. 製品技術やサービスの今後の方向性を押さえる　73
　1　業界再編の方向性　73
　2　市場拡大の方向性　74

第3章 市場環境・競争環境を調べよう
Statistics、Share、Strategy

1. 経済統計を調べよう (Statistics) 76

- **1** 主な政府統計 76
  - ① 経済統計の種類 76
  - ② 経済産業省の統計の種類 77
  - ③ 他省庁の統計 79
- **2** 業界統計があるか探そう 81
  - ① 業界団体の業界統計 81
  - ② 業界統計の使用上の留意点 81
- **3** 事業会社のIR情報から入手するケース 82
- **4** 市場規模を推計するケース 83
  - ① 完成品市場をベースに推計するケース 83
  - ② 類似市場をベースに推計するケース 83
  - ③ 主要プレイヤーの財務データを積み上げるケース 84
- **5** 業界と関連する統計情報を入手しよう 84
  - 例1) 為替レート 84
  - 例2) 住宅着工件数 84
  - 例3) 完成品の生産台数 85

2. 市場シェアを調べよう (Share) 86

- **1** 市場シェアの取り方 86
  - ①『日経業界地図』を参照する 86
  - ② 日経テレコンを使って記事検索する 86
  - ③ ネット検索する 87
  - ④ 矢野経済研究所、富士経済の調査報告書を入手する 87
  - ⑤ 業界シェアの調査会社の情報を入手する 87
  - ⑥『Market Share Reporter』の情報を入手する 89

⑦事業会社のIR情報を入手する　89
　　② 市場シェアの数値そのものが得られない場合　90
　　　①事業会社の広報・IR担当に問い合わせる　90
　　　②自分で推計を試みる　90

3. 競争環境を調べよう（Strategy）　91
　　① 企業情報の調べ方　91
　　② 未上場企業の企業情報の入手　93
　　③ 主要各社の違いの見出し方　94
　　④ 財務データによる違いの見出し方　95
　　　①最低限抑えておきたい項目　95
　　　②財務分析の例　96
　　⑤ 数字では見落としがちな内容の確認　97

第4章　Supplement
補足情報を入手し、検証しよう

1. 取材活動で裏付けを取ろう　100
　　① 有識者へ取材する　100
　　② 業界団体へ取材する　101
　　③ 事業会社へ取材する　102

2. 取材時の心得　103
　　① 事前準備　103
　　② 質問項目シートを作る　103
　　③ 仮説を持って臨む　104
　　④ 取材の主導権を握る　104
　　⑤ 大枠から細部へと話を移す　105

6 疑問点は取材の場で解決する　105

3. 取材メモの取り方　106
　　　1 エクセルでメモを取ろう　106
　　　2 取材項目があらかじめ固まっている場合　108
　　　3 テープ起こしは確実性を上げる手段　108

4. 消費者インタビュー（定性調査）　110
　　　1 消費者インタビューは仮説構築のためのヒント　110
　　　2 インタビューのシナリオを準備する　110
　　　3 インタビューは2回以上実施する　111

5. ネット調査（定量調査）　112
　　　1 ネット調査は数字的な裏付けの入手に最適　112
　　　2 設計書を準備する　112

6. フィールド調査　113
　　　1 フィールド調査は認識のずれ解消が目的　113
　　　2 できるだけ記録を取る　113
　　　3 できるだけ現場の声を聞く　114

7. 人物情報の調べ方　115
　　　1 官公庁は情報開示度が高い　115
　　　2 民間企業は上場の有無で情報開示が異なる　116
　　　3 データベースへのアクセスが手っ取り早い　117

8. 行政情報の取得方法　119
　　　1 行政の情報入手は煩雑　119
　　　2 補助金・委託費の公募情報の入手方法　119

9. 専門会社を活用しよう　122
   1. 業界データサービスを受けてみよう　122
      ① ユーザベースのSPEEDA　122
      ② 日本経済新聞社の日経Value Search　122
      ③ ワンソース・ジャパンのOneSource　122
      ④ S&P Market Intelligence のCapital IQ　123
   2. 業界の市場調査なら国内大手2社　123
   3. 信用調査は信用調査会社・探偵（興信所）の領域　124
   4. 行政関連はシンクタンク・士業の領域　124

第5章　Study
リサーチのケーススタディ

1. ## 市場規模のリサーチ　126
   1. 業界団体から調べるケース　126
   2. 調査報告書から調べるケース　128
   3. 事業会社のIR情報から調べるケース　130
   4. 需要予測の立て方　132
      ① 過去実績の伸び率　132
      ② 市場調査会社の需要予測の伸び率　132
      ③ 業界団体の需要予測の伸び率　133
      ④ 業界の主要プレイヤーの市場前提　133
      ⑤ 業界の主要プレイヤーの業績予想　133
   5. 望ましい需要予測の方法とは　134

2. ## 企業業績のリサーチ〜会社計画との比較〜　135
   1. 会社計画とは　135
   2. 会社計画との比較からみるケース　136

3. **企業業績のリサーチ〜競合他社比較〜** 138
    1. 競合他社比較のケース　138
4. **企業業績のリサーチ〜為替影響の分析〜** 142
    1. 為替影響の調べ方　142
    2. 為替情報を得てどういったことが出来るのか　143

第6章 Summary
リサーチ結果をまとめよう

1. **リサーチ結果を出すための準備** 146
    1. 普段から心がけておくこと　146
    2. 調査対象の業界がその都度異なる場合　147
2. **文章表現上の留意点** 148
    1. 主張すべき論点を絞る　148
    2. 知っている情報を全ては盛り込まない　148
    3. 難解な用語は避ける　148
    4. 重複表現を避ける　149
    5. 文章は短く区切る　149
    6. 見解と事実を分ける　149
    7. 用語を統一する　150
    8. 引用の出所を明記する　150
    9. 引用データの出所を統一する　150
    10. 読み手・聞き手の知りたいことを優先する　151
3. **構成のまとめ方** 152
    1. 媒体を決める　152
    2. ストーリーを決める　152

3 主要テーマ以外の内容は別添扱いにする　153

4. 図表のまとめ方　154

1 図表の色合いに強弱をつける　154
2 図表はシンプルに　156
3 1項目に図表1つが理想　157
4 1ページ2～5分程度のボリュームに　157
5 スライドの文字数は抑える　157
6 将来予測の部分は表示を変える　158
7 比較の図ではメインの項目を濃い色・太線で強調させる　158

5. レポート形式でのまとめ方　160

1 企業調査報告書のケース　160

第7章　Self-improvement
よりレベルアップするために

1. 継続的にニュースを読もう　162

1 同じ業界を継続的にウォッチしよう　162
①日本経済新聞を日々チェックする　162
②業界新聞はさらに細かい情報を得られる　164
③適時開示はより直近の情報が出る　165

2 同じ業界を継続的に追うことの効果　166
①業界を見る目が養われる　166
②特定業界からの視点で他業界を見る目が養われる　167
③理想は新聞記事を見て次の反応が連想できること　167

3 経済ニュースアプリで記事をチェックする　168
　　　　①日本経済新聞の電子版　168
　　　　②ユーザベースのNews Picks　169
　　　　③その他のニュースアプリ　169
　　　4 経済記事についてコメントする　170

2. 継続的にアナリストレポートを読もう　171
　　　1 大手企業をチェックする場合　171
　　　2 中小型企業をチェックする場合　171

3. その他企業情報をチェックしよう　173
　　　1 『会社四季報』・『日経会社情報』をチェックしよう　173
　　　2 本を読み続けよう　173
　　　3 展示会を見に行こう　174
　　　4 セミナーに参加しよう　174
　　　5 身近なものを探そう　174
　　　6 横のつながりを作ろう　175
　　　7 英語力を身に付けよう　175
　　　8 MBAのスキルを身に付けよう　177

おわりに──本書を執筆して　　　　　　　　　　　Sentiment

　　ビジネスリサーチのカテゴリー確立に向けて　180

序章

ビジネスリサーチの
スキルを
身に付けよう

Suggestion

1 ビジネスリサーチとは

　私たちは日頃から調べごとが必要な環境にいます。ビジネスでの本格的な調べごととなると、市場調査会社に予算を使って委託し、一次データを作っていくことを連想するかもしれません。実際、詳細な調べごとの場合には、プロに任せた方が確実でしょう。しかし、世の中には既に公開されている一次データがたくさん存在します。プロに任せる前に、これらの公開情報を入手し、加工して二次データとして使うことができる調べごとなら、多額のコストをかけずに資料を短時間でまとめられるでしょう。

　本書では、リサーチして一次データを作ることを「マーケティングリサーチ」と呼び、既に公開されている一次データを収集して二次データとして加工することを「ビジネスリサーチ」と呼んで区別します。

　マーケティングリサーチは、市場調査会社に委託するためにコストもかかりますし、時間もかかります。一方、ビジネスリサーチは、時間も調査会社に委託するほどにはかからないレベルのリサーチを想定しています。自分自身で行うことを前提にしていますので、コストはそれほどかかりません。

　なお、この本では一部、ヒアリング調査などの一次データの作成もビジネスリサーチの対象に含めて扱います。実務上、全ての情報を二次データとして扱うだけではなく、取材活動のように一次データを作成することもあるからです。

0-1 リサーチの分類

分類	概要	コスト	時間
マーケティングリサーチ	市場調査会社に委託して一次データを作る	大	長
ビジネスリサーチ	主に公開されている一次データを調べて加工し、二次データとする	小	短

2　企画書や提案書作成にはビジネスリサーチのスキルが必要

　私たちは、企画書や提案書などの作成の際に、さまざまな業界や企業について調べる機会があります。大手コンサルティング会社の場合、専門のリサーチャーがいますし、市場調査会社であれば、リサーチの専門職がいます。しかし、一般の事業会社やコンサルティング会社ではどうでしょう。自力で調べているのがほとんどでしょう。その調べ方というと……。皆さん、自己流がほとんどではないでしょうか。
　「ビジネスマンだったらそれくらい調べろ！」と会社で上司に言われたとしても、肝心の調べ方についてまでは教えてもらえないのが実情ではないかと思います。調べ方のスキルが既に身に付いている方には、常識的な話かもしれません。しかし世の中、調べ方のセオリーがあまり普及していないように感じます。本書では、公開情報の収集・加工を前提としたビジネスリサーチの基本を学んでいきます。

3　リサーチの目的と許容できるコスト・時間を明確化しよう

　時間的余裕があれば、時間をかけて調べることで充実した答えが導き出せるでしょう。しかし、ビジネスの世界で調べごとが出てきた際には、大抵時間的余裕がないことが多いです。与えられた時間の中で解決を見出していく必要がありますが、調べる前に次の4点は押さえておきましょう。

　① 何をリサーチするか
　② 何をリサーチの解決とするか
　③ いつまでにリサーチするか
　④ どの程度のコストを許容するか

① **何をリサーチするか**
　そもそも、何をどこまでリサーチするかを特定しておく必要があります。その理由は、調べていく中で徐々に調べる対象範囲を広げすぎてしまいが

ちだからです。特に初期段階の場合、どこまで情報量を得れば充足するかが見えないものです。

第1章で触れますが、あらかじめ押さえたい業界の基本情報は決まっています。その上で、どこまで掘り下げて調べるかをまず、決めておきましょう。

② **何をリサーチの解決とするか**

何を調べるかと関連して、何をリサーチの解決とするかもはっきりさせておく必要があります。はっきりさせておかないと、これもリサーチの対象範囲を広げすぎる原因になります。顧客や上司のどんなニーズに応えるのかを特定しておきましょう。これは、リサーチした内容をどう使うか、ということにもつながります。

③ **いつまでにリサーチするか**

タイムリミットを決めておくことも大事です。時間をかければ、より詳しく調べることは可能でしょう。しかし、大抵のリサーチでは、あまり時間をかける余裕がない場合が多いでしょう。解決すべき内容から、いつまでにどんなことを調べるかを逆算していくことが必要です。

④ **どの程度のコストを許容するか**

どの程度のコストを許容するかを決めておきましょう。例えば、1）調査報告書の有料購入の可否、2）取材活動の可否、3）アンケート調査の可否、4）外注調査の可否、などです。外注調査が可能であれば、マーケティングリサーチとしてのリサーチが可能でしょう。

また、一次情報の収集に限定するビジネスリサーチのみとする場合にも、調査報告書の入手は予算で購入するか、図書館等でコピーを取るか、など、コストのかけ方によって方法が変わってきます。予算を決めておきましょう。

4 仮説を持ちながらアウトプットを考えよう

リサーチの解決を見出す際に必要となるのが、仮説を持つことです。漫然とリサーチを進めても、時間がかかります。効率的に作業を進めるには、リサー

チの回答の仮説を立てておくことが重要です。どんな業界構造なのか、どんな検証の証拠をそろえるのが望ましいか、など、作業の段階を踏むたびに、自分で答えを考えながら作業を進めましょう。答えと違った状況になった際には、作業を軌道修正していきましょう。

5 物事をMECEで構造的に捉える習慣を付けよう

　リサーチにあたって意識していただきたいのは、MECEという考え方です。MECEとは"Mutually Exclusive, Collectively Exhaustive"の略で、「モレなくダブりなく」という意味を表します。リサーチをする際、どのような区分で業界が大別されるのか、業界構造を理解する必要があります。その際にモレやダブりのない区分を考えましょう。

　具体的には、業界の分類を考える際に最も使うことになります。例えば、地域別にどう分かれているか、製品・サービス別にどう分かれているか、といった具合です。リサーチに限らず、MECEの考え方をビジネスシーンで使いこなせるようになりましょう。

第1章

ビジネスリサーチの基礎知識

Skill

1. ビジネスリサーチで押さえたい4S

1 4Sとは

　この章では、ビジネスリサーチで必要となる基礎知識について取り上げます。ビジネスリサーチでは、4つの切り口から情報を押さえるのが効率的です。これをこの本では4Sと呼びます。4Sとは、「Structure（構造）」、「Statistics（統計）」、「Share（シェア）」、「Strategy（戦略）」の4つのSから成ります。

1-1　4Sとは

Structure（構造）	… 製品・サービスの分類、製品・サービスの製造・販売の流れ、規制など
Statistics（統計）	… 政府統計、業界団体統計、市場調査会社の統計など
Share（シェア）	… 市場調査会社、業界団体、事業会社のIR情報など
Strategy（戦略）	… 主要各社の製品・サービス、地域性、収益性の違いなど

2 Structure

　第一に、Structure（構造）です。構造とは、業界構造のことです。具体的な調査項目としては、製品・サービスの分類、用途別・地域別の分類、製品・サービスの製造・販売の流れ、規制動向、季節性などです。

　ある事業を調べるには、その業界の構造を把握する必要があります。業界によって切り口は異なりますが、一定の共通項があります。それが上に挙げた項目です。これらを調べるには、経営戦略論や経済統計の基礎知識が必要になります。

3 Statistics

　第二に、Statistics（統計）です。業界の市場規模を把握する上で、統計があるかどうかを調べることになります。

　具体的な調査項目としては、政府統計、業界団体統計、市場調査会社の統計、市場調査報告書、新聞情報などです。これらを調べるには、経済統計の基礎知識が必要になります。

4 Share

　第三に、Share（シェア）です。市場シェア（情報）を得られるかどうかを調べることになります。具体的な調査項目としては、市場調査会社、業界団体、事業会社のIR情報、新聞情報などです。これらを調べるには、経済統計の基礎知識が必要になります。

5 Strategy

　第四に、Strategy（戦略）です。これは、競合（他社）との比較でどのような戦略的な特徴があるかを調べることになります。

　具体的な調査項目は、製品・サービスの違い、用途別・地域別展開の違い、事業構造の違い、収益性の違い、などです。これらを調べるには、経営戦略論や財務分析の基礎知識が必要になります。

　ビジネスを調べるにあたり、アプローチとしてはまず、どれだけ定量的なデータが得られるかを確認することが重要になってきます。そのためには4Sを押さえることが近道ですが、上記のとおり、経済統計や経営戦略論、財務分析の基礎知識が必要になります。

　そこで、この章では本論の調べ方に入る前にまず、ビジネスリサーチにあたって知っておくべき基礎知識について、学んでいきましょう。

2. 経済統計の見方を身に付けよう

1 比較する期間の名称の違いを押さえよう

　それではさっそく、経済統計の見方から学んでいきましょう。経済統計の見方がわかれば、市場規模の見方が身に付きます。市場規模は、単年でも重要な数値情報になりますが、経年で数値情報を得ることで、業界の動向がより見えてきます。また、四半期や月次で数値情報が得られれば、さらに直近の動向がよりわかるようになります。

　比較対象は原則として、同じ統計の中での過去データになりますが、期間の取り方によって、比較する際の名称が異なってきます。
　年次（12ヶ月）ベースで比較して見る場合には、比較する前の期間のことを「前期比」または「前年比」と呼びます。四半期で見る場合、例えば今年の4-6月と去年の4-6月とを比較する場合には、「前年同期比（または前年比）」と呼びます。また、今年の4-6月と今年の1-3月とを比較する場合には、「前四半期比」と呼びます。月次で見る場合、例えば今年の10月と去年の10月とを比較する場合、「前年同月比（または前年比）」と呼びます。また、今年の10月と今年の9月とを比較する場合、「前月比」と呼びます。呼び方が異なると指している期間が異なりますので、注意しましょう。

　　年次（12ヶ月）比較で使われる用語：前期比、前年比
　　四半期（3ヶ月）比較で使われる用語：前年同期比（前年比）、前四半期比
　　月次（1ヶ月）比較で使われる用語：前年同月比（前年比）、前月比

　業界統計や企業業績を見る場合は、原則として、「前の年の同じ時期に比べて、

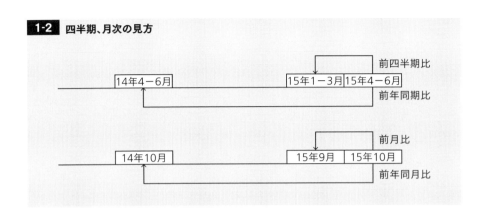

1-2 四半期、月次の見方

どれくらい良くなったのか（あるいは悪くなったのか）」を最初にチェックすることになります。具体的に工作機械受注の例で見てみましょう。

2 月次データでトレンドを見る

　次ページ上部の図表1-3は、日本工作機械工業会が毎月公表している工作機械受注統計です。左軸は工作機械業界の受注額、右軸は前年同月比を表しています。まず、受注高そのもの（元データのことを原数値と言います）を見ると、山谷が生じているのはわかりますが、トレンドを見出すには一苦労です。そこで、前年同月比を見ることである程度トレンドが見えてきます。

　2010年1月以降の月次受注データを見ると、2012年1月に前年同月比でマイナスになったのを皮切りに、徐々に前年同月比でマイナスの月が増えています。また、2013年10月以降、2015年7月まで前年同月比が一貫してプラスになっています。
　この推移を見れば、業界事情についてはわからなくても、「2012年以降は一時期、業界は市場が減速傾向にあったのだな」、「2013年10月以降は拡大傾向にあったのだな」ということは読み取ることができます。
　このようにトレンドをざっくりとつかむ場合には、原数値のデータを集めて、そのデータの前年同月比を抽出することが近道です。

1-3 前年同月比でトレンドをつかむ

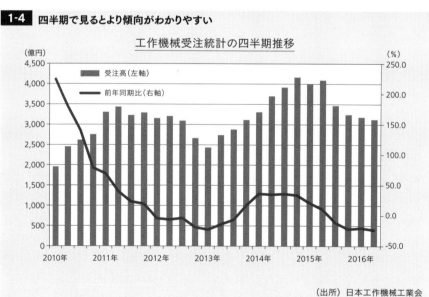

1-4 四半期で見るとより傾向がわかりやすい

3 四半期データでトレンドを見る

　このトレンドは、四半期別で見ると、さらに鮮明になります。左ページ下部の図表1-4は先ほどの工作機械受注統計を四半期別に置き換えたものです。
　2012年1-3月期から前年同期比でマイナスに転じ、2013年10-12月期から前年同期比でプラスに転じた、という点では月次データと同じ時期の変化ですが、四半期の方が、トレンドの変化がよりわかりやすくなります。
　ただし、1-3月期、4-6月期、7-9月期、10-12月期と、四半期の期間を固定する場合、最終月のデータがないと分析できないため、月次データに比べて状況の変化のタイミングの把握は遅れます。

4 数値を平均して基調を見出す

　なお、月次データを見る場合には、注意が必要です。なぜなら業界によっては、月次データを並べるだけでは傾向がバラバラになることがあるからです。
　先ほどの工作機械業界の例は、原数値の前年同月比を抽出するだけで比較しやすい業界でしたが、業界によっては、ある月は極端に良かったり、ある月は極端に悪かったりする場合があります。これは、季節性が生じたり、月によって変動が大きくなったりする業界があるからです。例えば、百貨店業界を見てみましょう。
　百貨店業界の月次売上高の推移（次ページの図表1-5）を見ると、先ほどの工作機械業界と異なり、きれいな山谷がなく、12月が突出して数値が高くなっています。また、前年同月比を見ても、2014年4月以降の落ち込みと、2015年4月以降の立ち直りは見て取れますが、それ以外は月によってプラスの月とマイナスの月とがあり、トレンドを見出しにくくなっています。

　そこで、このような月々のブレを簡易的に取り除く方法として、平均値を取る移動平均法を取り上げたいと思います。
　平均値を取る方法としては、3ヶ月平均を取る場合、6ヶ月平均を取る場合、12ヶ月平均を取る場合とさまざまですが、四半期ごとの状態を把握する場合

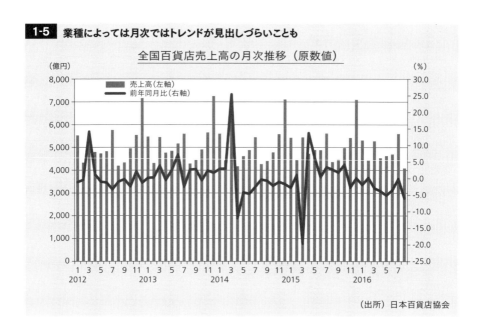

1-5 業種によっては月次ではトレンドが見出しづらいことも

全国百貨店売上高の月次推移(原数値)

(出所)日本百貨店協会

には3ヶ月平均、簡易的に季節性を取り除いて景気動向を見る場合には12ヶ月平均が便利です。3ヶ月平均の場合、月次単位のブレはある程度除去できますが、季節性までは除去できません。業界によりますが、百貨店業界であれば、年末は年末商戦で売上が増えやすい時期を迎えます。このような季節性を簡易的に除去するために12ヶ月間の平均値を取るのです。

なお、移動平均には、基準月の前後の月を加えて平均を取る方法と、最新月から2ヶ月前までの数値を加えて平均する方法(後方移動平均)とがありますが、ここでは最新月の数値を反映するため、後者を採っています。

移動平均をイメージする上で、次のような数値例を書いてみましょう。

1-6 3ヶ月移動平均の数値例

(億円)

	1月	2月	3月	4月	5月	6月	7月	8月	9月	10月	11月	12月
原数値	5,600	4,431	6,819	4,172	4,618	4,884	5,449	4,272	4,407	4,783	5,581	7,107
3ヶ月移動平均値	—	—	5,617	5,141	5,203	4,558	4,984	4,868	4,709	4,487	4,924	5,824

　上の図表1-6は、1月から12月までの原数値と、その3ヶ月移動平均値を表したものです。3月の移動平均値は、1月から3月までの原数値を足して3で割ります。具体的には、以下の計算になります。

$$(5,600 + 4,431 + 6,819) / 3 = 5,617$$

　4月の3ヶ月移動平均値は、2月から4月の合計値を3で割って求め、5月は3月から5月の合計値を3で割って求める、といった具合に、1ヶ月ずつずらして計算します。12ヶ月平均の場合、12月の移動平均値は、1月から12月の合計値を12で割ります。同様に月が進むごとに1ヶ月ずつずらして計算します。

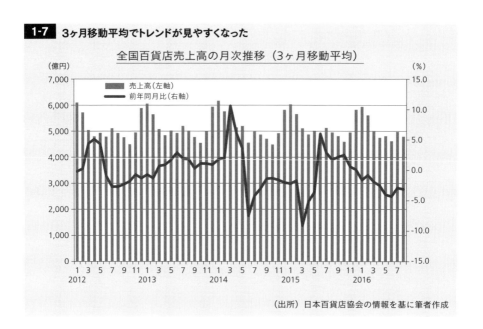

　それでは例として、3ヶ月移動平均の場合、12ヶ月移動平均の場合のグラフを見てみましょう。

　3ヶ月移動平均で前年同月比を計算し直すと、トレンドがはっきりしてきます（上の図表1-7）。2014年3月をピークに消費税増税による影響で急速にマイナスへと転じていく状況や、2015年3月を底に急速にプラスへと転じていくトレンドのほか、2012年の減少局面もよりはっきり見えてきます。

経済統計の見方を身に付けよう | 33

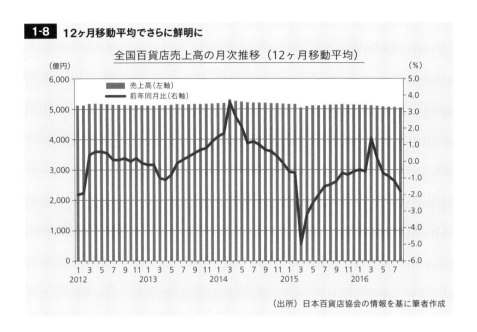

さらに12ヶ月移動平均で前年同月比を計算し直すと、月次売上高はよりなだらかになり、よりトレンドがはっきりしてきます。上の図表1-8を見てください。2014年3月をピークに消費税増税による影響で急速にマイナスへと転じていく状況や、2015年3月を底に急速にプラスへと転じていくトレンドのほか、2012年の減少局面も先ほどの3ヶ月移動平均よりなだらかにはっきり見えてきます。12ヶ月移動平均の場合、もっとも売上の多い12月も含めて平均値を計算するため、トレンドが見出せるのです。

なお、国が公表する経済統計では、「季節調整値」と書かれたデータがあります。これは、モデルを駆使して季節性を除去した数値です。業界統計では、季節調整値が使われているケースは少ないですから、月次データが大きくぶれる経済統計を扱う際には、移動平均値を使いましょう。ただし、この方法の場合、12ヶ月平均の方が、より変化がなだらかになる反面、直近の急激な変化が表れにくいことに注意が必要です。

3. 市場規模の種類を把握しよう

1 なぜ、市場規模を把握する必要があるのか

ビジネスリサーチをする上で、市場規模を把握することは非常に重要です。ここでは、市場規模の種類を学びましょう。

そもそも市場規模を把握する理由としては、次の3点が挙げられます。

① 市場規模を把握し、比較することで、事業の成長性をつかめる
② 融資を受ける、これから上場する、上場して投資家からの問い合わせに対応する、格付評価を受けるなど、資金調達面において、ステークホルダーが投資を判断する際の参考情報となる
③ 市場規模の推移に対して、自分の事業がシェアを拡大しているか落としているかを把握し、事業の状況分析に活用することができる

① 事業の成長性がつかめる

まず、市場規模が把握できれば、自分が扱う事業にどれだけの成長性があるかをつかむことができます。例えば、ここ数年、脚光を浴びている3Dプリンターで考えてみましょう。

米国調査会社・Canalysが発表した調査結果によりますと、2014年に全世界で出荷された3Dプリンターは13万3,000台となり、2013年比で68％増加。3Dプリンターやプリント素材、関連サービスを合わせた市場規模は33億ドル（3,940億円）を超えたとされています。

これだけの急激な市場規模拡大が見込める分野なら、うちも新規参入をと考えるメーカーは多いことでしょう。実際にここ数年、上場企業でも新規参

入するメーカーが相次いでいます。反対に、扱う事業の市場規模が極端に小さい分野であれば、参入を止める、ということも選択肢として考えられます。

また、扱う事業の市場規模に比べて極度に事業規模が小さい場合、事業撤退する、ということも比較検討することができます。自分が扱う事業の市場規模がどれくらいあるかを知ることは非常に重要です。

② ステークホルダーの投融資の判断材料になる

第二に、各ステークホルダーの投融資の判断材料になる、ということです。融資担当者、機関投資家、個人投資家、格付担当者などにとって、投融資する事業対象について、果たして成長性があるのか、拡大しているのか、縮小しているのか、という点は非常に知りたい情報になります。

市場規模が拡大していても、対象事業が縮小して業績が悪化していれば、市場シェアを落としていることになりますから、投融資の評価は下がることになります。一方で、市場規模は縮小していても、市場シェアを上げて業績が拡大していれば、評価は上がりやすくなります。

具体的に規模情報をつかみやすい業界であれば、四半期や月次で情報を得ることができます。

③ 市場シェアが把握できる

第三に、市場規模を経年で入手できれば、自分の扱う事業と比較してシェアを把握することができます。社内で市場規模をつかみ、自社のポジションを理解しておくことは非常に重要です。

市場規模の推移に比べて徐々に市場シェアが上がっているようであれば、何らかの取り組みが奏功した、と捉えることができます。逆に市場規模が徐々に増えているのにシェアは下がっているようであれば、何らかの問題が生じている、ということになります。

このように、市場規模をつかむことができれば、外部環境との比較ができるようになるため、検証する上で非常に重要になります。特に毎年市場規模が推計できる業界であれば、市場規模の伸びと自社の事業の伸びを比較してみれば、業界と同じ状況なのか、異なる状況なのかが判別できるでしょう。

2　3B（Billing、Booking、Backlog）で市場規模を把握する

では、どのような尺度で市場規模を把握すればいいのでしょうか。これには、3Bと名付けるもので把握するのが望ましいと思います。3Bとは、Billing（出荷額）、Booking（受注額）、Backlog（受注残高）です。

1-9　3Bとは

Billing（出荷額）	…	一定期間に引き渡した金額のこと
Booking（受注額）	…	一定期間に請け負った金額のこと
Backlog（受注残高）	…	ある時点で既に請け負っている仕事の総額

市場規模の尺度として最もよく使われるのは、出荷額（Billing）です。自らの事業の出荷額と比較すれば市場シェアを割り出すことができます。なお、出荷額と売上高とは、厳密には異なります。出荷額は顧客へ引き渡した段階で、売上高は顧客が入金した段階です。ここでは簡便化のため、2つは同義とします。

次によく使われるのは、受注額（Booking）です。出荷額（売上高）は、現在の状況＝顧客へ売り上げた段階の状況、を表すのに対して、受注額は先行きの状況＝顧客から契約した段階の状況、になります。言い換えれば、受注額は出荷額（売上高）の予想値、とも言えます。契約してから実際に売り上げるまでには、リードタイムという一定の期間が存在します。この期間は業界によっても異なりますし、会社によっても製品・サービスによっても異なりますが、機械業界や建設業界など、比較的金額の大きなものを扱う業界の場合には、受注から売上までのリードタイムが一定期間存在します。また、業界によっては、受注額を業界統計（市場規模の指標）として使用している場合があります。

なお、出荷額（売上高）と受注額の2つの指標が得られる場合には、規模の比較をするといいでしょう。これにはBBレシオ（Book-to-Bill Ratio）という尺度があります。受注額を出荷額（売上高）で割り、1を超えていれば先行

きの仕事量が増えていて景気は上向き、1を割り込んでいれば先行きの仕事が減っていて景気は下降気味、ということになります。この指標は簡便ではありますが、先行きを推し量る上で重要な参考指標となります。

BBレシオとは

1未満（不調）＜受注額÷出荷額（売上高）＜1以上（好調）

　最後に受注残高（Backlog）ですが、こちらは手元に残っている仕事量、つまり仕事量の残高になります。リードタイムが長い業界の場合、この数字を把握しておくことが非常に大切になります。
　例えば、航空機や造船など、リードタイムが1年を超えるような業界の場合、出荷額（売上高）や受注額を把握することはもちろんですが、手元にどれだけ仕事量が残っているかが最も大事な尺度になります。仮に出荷が非常に多い年だったとしても、受注が少ない場合（BBレシオが1を下回る場合）には、手元に残っている仕事量は減っていることになり、先行きの見通しは必ずしも明るくない、ということになります。
　これら3つの関係を数式で表すと、次のようになります。

前期末受注残高＋当期受注額－当期出荷額（売上高）＝当期末受注残高

　受注額が増えれば、受注残高が増えますので、先行きの仕事量が増えることになり、景気は上向き、と言えるでしょう。逆に出荷額（売上高）が増えて受注額が減った場合には受注残高が減りますので、先行きの仕事量が減ることになり、景気は下向き、ということになります。

3　3B以外の指標

　前述の3つの指標では市場規模が把握できない場合もあります。これは業界によっては、市場規模の金額を開示していない場合があるためです。金額を開示しない理由としては、

１）製品・サービスによって単価が大きく異なる
２）単価がわかると顧客から値下げ圧力を受ける

　などのさまざまなものがあります。3B以外でよく出てくる単位としては、生産額が挙げられます。製造業では見かける指標ですが、生産額の場合、業界によっては海外生産が進展してしまっているため、国内市場の数値を見ても国内の実情を表しにくい場合があります。

　このほか、製造業でよく見かける例として、台数があります。たとえば、産業用ロボット業界の場合、国際ロボット連盟（International Federation of Robotics: IFR）という業界団体が世界出荷台数（および稼働台数）を推計しています。建設機械業界などでも台数が業界の尺度を表す基準になっています。自動車業界など、製造業では比較的台数で業界の状況を表すことが多くなっています。
　台数が業界の比較基準になっている場合、金額ベースで市場規模の数値が得られないこともあります。また、鉄鋼業界や造船業界などのように、重量（トン数）で表す場合もあります。いずれも市場規模を表すもので、業界特性によって基準となる尺度が異なることがあります。

4. 経営戦略論の基本を把握しよう

ここでは、経営戦略論の基本を押さえます。既にご存じの方もいると思いますが、そういった方は復習と思ってください。

経営戦略論を学ぶ際に必ず出てくるものとして、3C分析、SWOT分析、5F分析の3つがあります。いずれも業界動向を把握する上で重要な見方になります。

1 環境分析

① 3C分析

3C分析の3Cとは、「市場(＝顧客)(Customer)」、「競合(Competitor)」、「自社(Company)」の3つを指します。3C分析とは、外部環境の市場と競合、そして内部環境の自社の分析から自社の戦略を見出すフレームワークです。

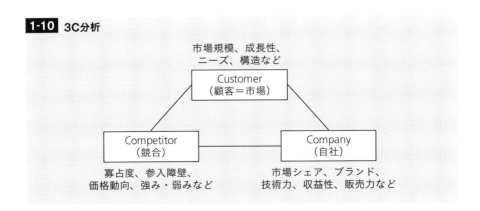

1-10 3C分析

1) 市場(顧客)分析

　　市場規模や市場の成長性、顧客ニーズ、地域性、政府規制などの観点で分析します。外部環境分析の一部です。

2) 競合分析

　　競合や競争環境の観点で分析します。外部環境分析の一部です。競合の数や参入障壁、競争相手の経営戦略、経営資源などに着目します。

3) 自社分析

　　自社の経営資源の観点で分析します。内部環境分析の一部です。自社の売上高、市場シェア、ブランド、人的資源などに着目します。

　これら3つの視点で項目を整理し、外部環境と内部環境の主要項目を洗い出します。具体的には市場規模がどれくらいなのか、どの地域、どの製品・サービス、どの客層が多いのか、どれくらいプレイヤーがいるのか、自社はどれだけのシェアを持っているのか、などの項目を調べることになります。

② SWOT分析

　　SWOT分析とは、外部環境や内部環境を「機会（Opportunities）」、「脅威（Threats）」、「強み（Strengths）」、「弱み（Weaknesses）」の4つのカテゴリーで要因分析するものです。外部環境分析は「機会（Opportunities）」、「脅威（Threats）」として、内部環境分析は「強み（Strengths）」、「弱み（Weaknesses）」として把握します。

1-11 SWOT分析

	機会 Opportunities	脅威 Threats
外部環境分析	機会 Opportunities	脅威 Threats
内部環境分析	強み Strengths	弱み Weaknesses

1) 外部環境分析

市場規模や市場の成長性、顧客ニーズ、地域性、政府規制などの観点で分析し、市場における「機会」と「脅威」を整理します。

2) 内部環境分析

自社と競合他社とを比較して、自社の「強み」と「弱み」を整理し、自社のコアを見出します。

3C分析とSWOT分析の両者に共通しているのは、他の要素との対比によってキーポイントを見出すことにあります。

2　業界構造分析（5F分析）

5F分析とは、マイケル・E・ポーターが提唱した5つの競争要因分析です。「新規参入の脅威」、「代替品・代替サービスの脅威」、「買い手の交渉力」、「売り手の交渉力」、「業界内の競合他社」の5つの視点から業界構造を把握します。

1) 新規参入の脅威

新規参入の観点で分析します。これは競合他社が参入しやすいかを調べるものです。技術やサービスのまねのしやすさや法的規制、設備投資や研究開発の額の有無などです。

2) 代替品・代替サービスの脅威

代替品の観点で分析します。自社製品やサービスより価格や機能で優れたものが出てくるか、あるいは異業種の参入で従来の競争環境とは異なる製品・サービスが出てくるか、などを調べるものです。

3) 買い手の交渉力

買い手の交渉力の度合いを調べるものです。買い手の購入量や情報量で優位性を持っている場合、売り手に対しての交渉力は大きくなります。

4) 売り手の交渉力

売り手の交渉力の度合いを調べるものです。売り手のプレイヤー数が少なければ、買い手に対しての交渉力は大きくなります。

5) 業界内の競合他社

競合の数や市場動向、規制の変化などを調べます。競合の数が多ければ競争は激しくなります。

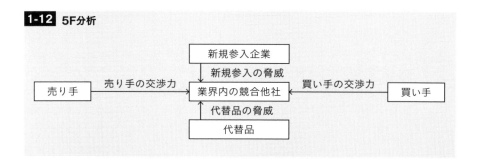

1-12 5F分析

先に挙げた業界構造を調べる場合、経営戦略論の見方が必要になります。切り口を探る上で重要な基礎知識になりますので、押さえておきましょう。

5. 財務分析の基本を把握しよう

　ここまでは、市場規模となる数値の見方や事業規模の推移の見方、経営戦略論の基本について学びました。ここでは基本的な財務分析を見ていきます。全てを押さえる必要はありませんが、競合他社との違いを見出す場合や、業績の変動要因が市場動向によるものなのか、それとも市場シェアの変動によるものなのかなど、さまざまな分析をしていく上で、基本的な財務分析の知識が必要になります。知っている方にとっては復習になりますが、ついて来てください。財務分析は大別すると、収益性分析、安全性分析、効率性分析などがあります。

1　収益性分析

　収益性分析とは、投下した資本に対して、どれだけの利益を獲得しているかを調べるものです。指標としては資本利益率（＝利益／資本）と売上高利益率（＝利益／売上高）があり、いずれも高い方が望ましいとされています。

① 資本利益率
　資本利益率には利益概念の捉え方によっていくつかの指標がありますが、代表例としては、次の2つを覚えておきましょう。

1）　自己資本利益率（株主資本利益率）（ROE: Return On Equity）
　　株主が自分で出資した資本でどれだけの利益を獲得したかを示す指標です。

$$自己資本利益率（\%）＝当期純利益／自己資本×100$$

> 当期純利益＝損益計算書最下部に記載の当期純利益
> 自己資本＝貸借対照表上における純資産の部から新株予約権を差し引いた額

2） 総資本事業利益率（使用総資本利益率）（ROA: Return On Assets）

> 総資本事業利益率（％）＝事業利益／総資本×100

> 事業利益＝営業利益＋受取利息・配当金
> 総資本＝貸借対照表上における負債の部と純資産の部の合計額

② 売上高利益率

　売上高利益率は売上高に対する利益の割合、すなわちマージン率であり、損益計算書の数値を使って算出することになります。

1） 売上高総利益率（粗利益率）

　　事業が提供している製品・サービスそのものの収益性を表す指標です。売上原価を減らせば売上高総利益が増え、収益性が向上することになります。

> 売上高総利益率（％）＝売上高総利益／売上高×100

2） 売上高営業利益率（営業利益率）

　　事業の本業による収益性を表す指標です。販売管理費や売上原価を減らせば営業利益が増え、収益性が向上することになります。

$$\text{売上高営業利益率（\%）＝営業利益／売上高}\times 100$$

$$\text{営業利益＝売上高－売上原価－販売管理費}$$

3) 売上高経常利益率（経常利益率）

　　財務活動も含めた経営活動による収益性を表す指標です。販売管理費や売上原価、営業外費用を減らすか、営業外収益を増やせば経常利益が増え、収益性が向上することになります。

$$\text{売上高経常利益率（\%）＝経常利益／売上高}\times 100$$

$$\text{経常利益＝売上高－売上原価－販売管理費}\\+\text{（営業外収益－営業外費用）}$$

4) 売上高当期純利益率（純利益率）

　　経常利益に特別損益、さらには税金まで含めた事業活動の全ての結果の収益性を表す指標です。

$$\text{売上高当期純利益率（\%）＝当期純利益／売上高}\times 100$$

5) 売上原価率（原価率）

　　売上高に対する売上原価の割合です。1）〜4）と異なり、低い方が望ましいです。

$$\text{売上原価率（\%）＝売上原価／売上高}\times 100$$

6) 販管費率

売上高に対する販売管理費の割合です。5）と同様、低い方が望ましいです。

$$販管費率（％）＝販売管理費／売上高×100$$

2 安全性分析

安全性分析は、貸借対照表の資産と負債・純資本のバランスを調べるものです。大きく分けて「短期安全性分析（企業の短期的な支払手段と支払義務の対応関係の分析）」、「長期安全性分析（企業の長期的な運用資産と資金調達手段の対応関係の分析）」、「資本調達構造分析（他人資本と自己資本の依存度の分析）」の3つから成ります。

① 短期安全性分析
1) 流動比率

短期的（1年以内）な支払義務（流動負債）に対して、短期的な支払手段（流動資産）がどの程度確保できているかを表す指標です。200％以上が望ましいですが、少なくとも100％以上必要です。

$$流動比率（％）＝流動資産／流動負債×100$$

2) 当座比率

短期的な支払義務に対して、回収性の高い当座資産がどの程度確保できているかを表す指標です。100％以上であることが望ましいです。

$$当座比率（％）＝当座資産／流動負債×100$$

$$\text{当座資産＝現金および預金＋受取手形＋売掛金＋有価証券}$$

② **長期安全性分析**
   1) 固定比率
   　　固定資産（1年超の期間運用が行われる資産）に対して、返済義務のない自己資本でどの程度カバーできているかを表す指標です。低い方が望ましいです。

$$\text{固定比率（％）＝固定資産／自己資本×100}$$

   2) 固定長期適合率
   　　固定資産（1年超の期間運用が行われる資産）に対して、長期資本（自己資本と固定負債）でどの程度カバーできているかを表す指標です。100％以下であることが必要です。

$$\text{固定長期適合率（％）＝固定資産／（自己資本＋固定負債）×100}$$

③ **資本調達構造分析**
   1) 自己資本比率
   　　総資産（総資本）に占める自己資本の割合を示す指標です。高いほど望ましいです。

$$\text{自己資本比率（％）＝自己資本／総資産×100}$$

   2) 負債比率
   　　他人資本と自己資本の依存度を示す指標です。低い方が安全性が高いです。

$$\text{負債比率（\%）}=\text{負債}/\text{自己資本}\times 100$$

3　効率性分析

　効率性分析は、資本（資産）の使用効率を調べるものです。少ない資本で多くの売上高が獲得されていれば回転率は高くなり、高いほど効率性が高いとみることができます。

1）総資産回転率（総資本回転率）

　総資産（総資本）をどの程度効率的に使って売上高を獲得しているかを表す指標です。高いほど望ましいです。

$$\text{総資産回転率（回）}=\text{売上高}/\text{総資産}$$

2）売上債権回転率

　売上債権の効率性を示す指標です。高ければ売上債権の回収状況が良好です。

$$\text{売上債権回転率（回）}=\text{売上高}/\text{売上債権}$$

3）棚卸資産回転率

　棚卸資産の効率性を示す指標です。高ければ棚卸資産の消化速度が速いと言えます。

$$\text{棚卸資産回転率（回）}=\text{売上高}/\text{棚卸資産}$$

4) 有形固定資産回転率

有形固定資産の効率性を示す指標です。この指標が高ければ、機械設備等の稼働率が高く、有効に使われていると言えます。

有形固定資産回転率（回）＝売上高／有形固定資産

5) 買入債務回転率（仕入債務回転率）

買入債務（仕入債務）の効率性を示す指標です。この指標が高ければ、仕入代金の支払速度が速く（短く）、低ければ遅い（長い）と言えます。いずれが良いかは一概には言えないため、売上債権回転率とのバランスを見て判断することが必要です。

買入債務回転率（回）＝当期商品仕入高／買入債務

買入債務＝支払手形＋買掛金

以上、ざっと財務分析の指標を取り上げましたが、これらの中で最初に見るべきは収益性分析です。競合他社に比べてどれだけ利益率が出せているのか、過去にどういう収益性の変化をしているか、などを確認するのが出発点になります。ここから競合との戦略の違いを見出していくことになります。

調査対象企業と競合他社とを比較し、どう違うかを見出したり、調査対象企業の過去の業績を分析したりすることで、差を見出すのです。

この本では具体的に財務分析のケースを扱うことは割愛しますが、上場企業同士の競合比較の場合には、既述の財務指標の中では売上高営業利益率と自己資本利益率（株主資本利益率、ROE）をよく使います。加えて、

> PER（株価収益率）＝時価総額÷当期純利益
> 　　　　　　　　　＝株価÷1株あたり純利益（EPS）
> PBR（株価純資産倍率）＝株価÷1株あたり株主資本（BPS）

　といった株式指標も加わります。PERは株価と収益率との関係を表した指標で、「○倍」と表示します。値が小さければ小さいほど、割安な株価水準である、すなわち投資対象になりやすいことを表します。そこで、競合と比較をして、どれだけ割安な水準にあるかをみます。PBRは、株価と効率性の関係を表した指標で、同じく「○倍」と表示します。1倍を下回っていると、割安な水準であると判断します。

　なお、PBRは、PERが異常値になった場合の補完的な尺度としても有効です。業績が最終赤字になると、PERは計算できません。また、黒字転換したばかりの段階では、PERは高くなりやすいので、計測指標としては使いにくく、PBRが補完的な役割を果たすことになります。このほか、DCF法（ディスカウントキャッシュフロー法）という企業価値手法を用いて、適正な株価水準がどれくらいなのかを推計するのですが、詳しくは企業価値評価を扱った本を参照しましょう。

第2章

業界の
基本構造を調べよう

Structure

1. 初期調査に必要な情報とは

1 市販書籍の情報収集のコツ

① 業界地図本は常に手元に置こう

　第1章では、ビジネスリサーチに必要な4Sと、ビジネスリサーチのための基礎知識について触れました。第2章では、4Sのうち、「Structure（構造）」と、初期のリサーチ方法について触れていきます。4Sと初期リサーチで必要な情報について整理しましょう。

2-1 4Sと入手情報の対応関係

Structure（構造）	…	市販書籍、調査報告書、事業会社IR情報、記事情報
Statistics（統計）	…	官公庁統計、業界団体統計、事業会社IR情報、記事情報
Share（シェア）	…	業界地図、調査報告書、事業会社IR情報、記事情報
Strategy（戦略）	…	業界地図、調査報告書、事業会社IR情報、記事情報

　分析の切り口としては4つあるわけですが、情報が入手できるツールは、バラバラです。特に「Statistics（統計）」と「Share（シェア）」は情報源を見つけるまでは時間がかかりますが、見つけてしまえば分析にはあまり時間を要しません。一方、「Structure（構造）」と「Strategy（戦略）」は業界知識と企業情報がある程度頭に入っていないと分析ができませんので、最も時間がかかります。

　ある業界、企業を調べる際に基礎知識がない場合、やみくもに情報を集めすぎても時間がかかってしまいますので、まず次の4つのツールをそろえる

ことを心がけましょう。4つのツールとは、「市販書籍」、「記事情報」、「調査報告書」、「統計」（統計については第3章参照）です。これら4つがそろえば、業界や企業に関する前知識がなくても、ある程度の基礎情報を知ることが可能です。

　まず、「市販書籍」、すなわち文献リサーチについて確認しましょう。常日頃、最も心がけてほしいことは、「調べる企業や事業がどの業界に属しているのか」を把握することです。比較的市場シェアが高く、かつ名の知られた会社であれば情報が得やすいでしょう。そこで、普段から手元に持っていたいのが、市販されている業界地図です。具体的には、

『日経業界地図』日本経済新聞社編　日本経済新聞出版社
『会社四季報業界地図』東洋経済新報社編　東洋経済新報社

　の2冊は毎年発行されています。これら2冊は、主要業界のプレイヤーの名前や売上規模、業界相関図、市場シェアなどが掲載されています。広範囲に情報が掲載されていますので、初期調査の辞書代わりに持っておくと便利でしょう。日本経済新聞出版社からは、以前は『日経シェア調査』という本が毎年発行され、多くの業界の市場シェア情報が掲載されていましたが、2014年以降はこの本は発行されなくなり、代わりに『日経業界地図』に市場シェアが掲載されるようになりました。また、以前は『世界業界マップ』なる本がダイヤモンド社から毎年発行されていましたが、こちらの本も2013年以降は発行されなくなったため、現状では日本経済新聞出版社と東洋経済新報社の2冊が、調べる際の取っかかりとしては適切と言えるでしょう。
　また、日本経済新聞社では主要商品・サービスシェア調査を毎年実施しており、例年7月頃に世界50品目の市場シェアや、国内100品目の市場シェアの記事が日経産業新聞に掲載されます。従って、毎年7月前後の日経産業新聞には注視した方がいいでしょう。

② **製品やサービスの仕組み本を収集しよう**

次に、「どのような製品やどのようなサービスを扱っているのか」を理解することです。取っかかりとしては、『よくわかる〜業界』、『〜業界大研究』、『〜業界の動向とカラクリがよくわかる本』などのタイトルの本を見つけるのがいいでしょう。具体的には、

『図解入門業界研究最新〜業界の動向とカラクリがよ〜くわかる本』シリーズ　秀和システム
『よくわかる〜業界』シリーズ　日本実業出版社
『〜業界大研究』シリーズ　産学社
『図解雑学〜業界のしくみ』シリーズ　ナツメ社

などがあります。なお、より製品やサービスの中身について調べる場合

『図解入門よくわかる最新〜の基本と仕組み』シリーズ　秀和システム
『トコトンやさしい〜の本』シリーズ　日刊工業新聞社

なども参考になるでしょう。日刊工業新聞社の『トコトンやさしい〜の本』シリーズは製造業に対象が限定されています。文献リサーチでは、全く基礎知識がない際に、どういった切り口で調べればいいのか、どういった論点があるのかを探る上で重要な初期アプローチになります。

2　新聞情報を収集しよう

① **日経テレコンは日経グループの記事が豊富**

文献リサーチと同じく重要なのは「記事情報」、すなわち新聞情報を使った情報収集です。一般的なウェブ検索でもある程度の記事検索をすることは可能ですが、有料サービスを活用した方がより詳細な記事検索が可能です。その代表的なツールが日経テレコンです。日経グループの新聞の過去記事や雑誌のバックナンバーを検索することが可能ですので、有力情報を抽出することができるでしょう。また、オプションの内容によりますが、他社の地域

新聞の記事情報を得ることも可能ですので、地域固有の記事情報も得られるでしょう。
　主に得られる情報は以下の通りです。

日経テレコンで得られる主な情報
　1）日経グループの新聞の過去記事や雑誌のバックナンバー
　2）各都道府県の地域新聞や業界新聞の過去記事や雑誌等のバックナンバー
　3）海外メディアの過去記事
　4）帝国データバンク、東京商工リサーチの企業情報
　5）キーパーソンの人物情報・人事情報

　このサービスのメリットは、効率的に経済記事を抽出できること、調べたい企業の信用情報を得られることにあります。記事については多くがPDFファイルで実際の記事を出せますので、保存用としても活用できるでしょう。

② G-Searchは全国紙を網羅

　日経テレコンと同様、記事検索として便利なサービスはG-Searchです。G-Searchは、読売新聞、朝日新聞、毎日新聞、産経新聞といった全国紙の主要記事の検索ができることや、科学技術や医学の文献の検索ができることがメリットです。日経グループの記事情報の検索は、別途、日経テレコンの利用申し込みが必要です。

G-Searchで得られる主な情報
　1）全国主要新聞、共同通信、時事通信、NHKニュースなどの過去記事
　2）日刊工業新聞などの業界新聞やスポーツ紙の過去記事
　3）海外メディアの過去記事
　4）帝国データバンク、東京商工リサーチの企業情報
　5）キーパーソンの人物情報・人事情報
　6）科学技術医学文献

③ Dow Jones Factivaは海外情報をカバー

Dow Jones Factivaは、海外の情報をカバーしているのが特徴です。Dow Jonesの記事情報のほか、ロイターや毎日新聞、産経新聞、読売新聞といった主要紙、地域新聞、業界新聞を網羅しています。

3 『業種別審査事典』をチェックしよう

初期段階で業界環境をチェックする上で有益なのが、きんざい（金融財政事情研究会）から出ている『業種別審査事典』です。全10巻ですが、業界の特徴や市場規模などの基本情報が載っています。初期段階で業界の外観をつかむには役に立つでしょう。審査事典には参照した数値データの資料の出所の記載もあるため、外部資料を調べることも可能でしょう。高価な事典ですが、図書館に置いてあることが多いので、購入が難しい場合は図書館の在庫を確認しましょう。ただし、毎年更新されているわけではないため、発行年が古くなってきたら業界の状況が変わっている可能性もあります。最新版の発刊は2016年1月です。

2-2　きんざいの『業種別審査事典』の主な掲載業種

第1巻	農業・畜産・水産・食料品・飲料
第2巻	紡績・繊維・皮革・生活用品
第3巻	木材・紙パ・化学・エネルギー
第4巻	鉄鋼・金属・非鉄・建設・環境・廃棄物処理・防衛
第5巻	機械器具（一般、電気・電子、精密、輸送）
第6巻	不動産・住宅関連・飲食店
第7巻	サービス関連（広告、コンサルタント）・学校・地公体
第8巻	美容・化粧品・医薬・医療・福祉・商品小売・ペット
第9巻	サービス関連（運輸、旅行）・スポーツ・レジャー・娯楽
第10巻	金融・レンタル・印刷・出版・情報通信

4　民間調査報告書を入手しよう

次に、「調査報告書」、すなわち民間調査報告書の入手です。記事情報はキーワードベースで「点」となっている情報であるのに対して、調査報告書では、業界単位やテーマ単位での情報を集めることが可能であり、「線」ないしは「面」のまとまった情報を得ることが可能です。具体例としては、以下の情報を取ることが目的となります。

1）業界の市場規模とその推移
2）競合の企業名とそのシェア

場合によっては、製品・サービスの流れまで丁寧に説明してくれていることもあります。しかし、ただやみくもに調査報告書を探すのは非効率です。そこで、市場調査会社の特徴を知っておく必要があります。

2-3　主な市場調査会社と特徴

社名	地域情報	特徴
矢野経済研究所	国内中心	国内が中心で幅広い業界を網羅
富士経済		国内が中心で幅広い業界を網羅
IDC	グローバル	IT関連業界が得意。グローバルで展開
Gartner		IT関連業界が得意。グローバルで展開
IHS		製造業が得意。グローバルで展開
Freedonia Group		製造業が得意。米国中心だがグローバル情報あり
Euromonitor		消費財・サービス業界が得意。グローバルで展開
BMI Research		消費財・サービス業界が得意。グローバルで展開
Datamonitor		医薬品業界が得意。グローバルで展開

① 国内市場なら矢野経済研究所および富士経済

まず、国内市場を調べるにあたり、最も広範囲な業界を扱っているのは、

矢野経済研究所および富士経済です。対象業界は消費財から生産財まで多岐にわたります。主要業界の市場規模、市場シェアはもとより、製品・サービスの流れまで記述している場合もあります。

　ただし、全ての業界で毎年データ更新を図っているわけではありません。業界によって更新頻度は異なると思いますので、最新版の確認が必要でしょう。矢野経済研究所の場合、『日本マーケットシェア事典』という冊子（CD-ROMもあり）を毎年発行していますので、入手すれば、国内シェアを調べる場合は役立つでしょう。

② グローバルデータなら外資系

　世界の市場規模や市場シェアの情報を取る場合には、外資系の調査会社はグローバル展開していますので有益です。具体的には、IDC、Gartner、IHS、Freedonia Group、Euromonitor、BMI Research、Datamonitorを覚えておきましょう。IDCやGartnerは、PC、サーバー、ストレージ、プリンターなどのハードウェアやソフトウェアといったIT分野が得意ですが、一部では製造業も扱っています。業界によって更新頻度は異なりますが、四半期おきに出荷額や市場シェアを推計している業界もあり、プリンター業界などでは、両社が推計する市場規模の推移や市場シェアは重要なベンチマークとなっています。

　IHSは半導体、自動車などの製造業を中心に扱っています。Freedonia Groupも同様に製造業が中心です。EuromonitorやBMI Researchは日用品、アパレルなどの消費財や、サービス業界を得意としています。

基本的には矢野経済研究所や富士経済の調査報告書の方がより基本情報が網羅されていますので、2社の調査報告書を入手することが重要です。一方、市場シェアや市場規模については、外資系の調査会社のデータが業界内で重要なベンチマークとなっていることがあるため、入手可能かどうかをウェブ検索等で確認しておく必要があります。

5　公的調査報告書を探そう

　ここまでは民間調査会社の報告書について述べましたが、公的機関の調査報告書も参考になることがあります。中央省庁の審議会などでは、特定の業界について調査報告書をまとめていることがあるからです。中央省庁のウェブサイトに調査報告書が掲載されていますから、ウェブでキーワード検索して、確認しましょう。

6　どこで初期調査するか

① ウェブ調査は取っかかり

　さて、初期調査の段階や、追加情報がないかをその都度探す際にはウェブ調査を行うことになります。調べる業界に関する情報があるかどうか、市場規模の情報が取れるか、どんな調査報告書があるか、などの当たりを付ける際に行います。キーワードになるものを考えて検索をかけることになります。世界市場について調べる場合には、日本語で見つからない場合もありますので、英語のキーワードで検索する方が効率的な場合もあります。

　ある程度ウェブ検索をかけて情報を集めたら、今度は図書館で調査報告書や統計情報、シェア情報を調べましょう。以下に有用な図書館を挙げたいと思います。

② ジェトロ・ビジネスライブラリーはコンパクト

　利用のハードルが最も低いのが、ジェトロ（日本貿易振興機構）のビジネスライブラリーです。ここには各種調査報告書や業界統計などの紙媒体の情報があります。また、日本以外の書籍も置いてありますので、例えば中国の業界情報を見ることも可能です（ただし中国語です）。

③ 国会図書館は新聞記事が豊富

　国会図書館は新聞記事や調査報告書など、蔵書の数は非常に多く、より長

期の情報を得る際には有用でしょう。ただし、新聞記事のコピーを取る場合、職員にコピーを依頼する手続きがあり時間がかかるため、短時間でまとまった情報を得るにはやや難があります。

④ 業界団体の図書館は業界情報が充実

　意外と盲点なのが業界団体の図書館です。例えば機械業界では、BICライブラリという図書館が一般財団法人機械振興協会にあり、機械業界の業界統計冊子などの長期データを有しています。自動車業界でも日本自動車工業会に自動車図書館があります。長期データを調べる際には、業界団体の図書館は有益です。

⑤ MDBは調査報告書の宝庫

　有料サービスですが、日本能率協会総合研究所のMDB（マーケティング・データ・バンク）の閲覧室サービスは、調査報告書が充実しているほか、情報検索も行ってくれるため、有益です。

2. 業界の分類方法を考えよう

1 用途別による分類

では、初期調査で集めた情報をもとに、どのような切り口で分析していけばいいのでしょうか。まず、集めた情報をもとに業界の全体像の分類分けをします。考えられるアプローチとしては、主に次の3つの区分があります。

1）用途別
2）地域別
3）製品・サービス別

買い手である用途先の割合がわかれば、どの業界が最も影響を与えている業界かを特定できます。例えば、工作機械業界の場合を考えてみましょう。日本工作機械工業会による工作機械業界の国内用途別受注高推移（次ページの図表2-4）を見ると、最も大きな用途先は一般機械ですが、この区分は金型業界や建設機械業界など、複数の業界の集まりで、単独業界としては、自動車業界が最も大きなウェイトを占めています。

自動車業界は、2008年のリーマンショック前までは大きな割合を占めていましたが、リーマンショック直後の2009年は一時、急減しており、その後は徐々に拡大することで再び全体の中で大きな割合を占めています。

このことから、自動車業界の設備投資動向にそれぞれの業界の業績が左右されることがわかります。

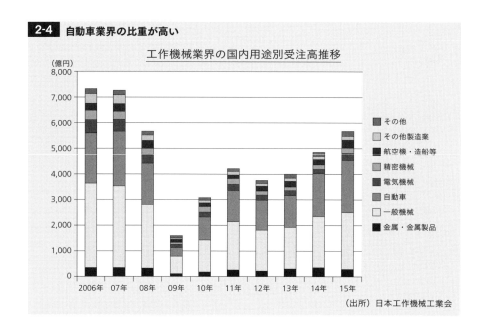

2 地域別による分類

　また、地域別の割合がわかれば、どの地域の需要動向の影響を受けるかがわかります。たとえばフォークリフト業界のケースを見てみましょう（次ページの図表2-5）。

　フォークリフト業界は、各国の業界団体が連携してWITS（世界産業車両統計）が整備されていて、世界市場の地域販売台数を把握することが可能です。この販売台数の地域別動向を見てみると、リーマンショック以降、アジア向けの変動が非常に大きくなっています。従って、アジアの需要動向に業界の業績が左右されることがわかります。

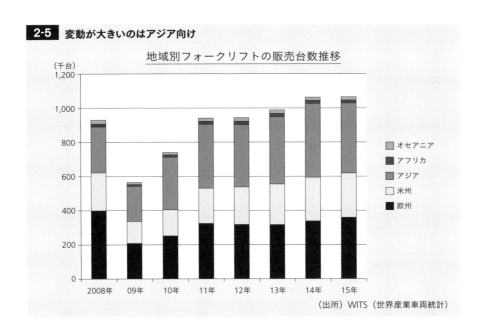

2-5 変動が大きいのはアジア向け

地域別フォークリフトの販売台数推移

(出所) WITS (世界産業車両統計)

3　製品・サービスによる分類

　どの製品・サービスが最も高い収益源になるかを特定することも重要です。最も大きい分類先が最も高い収益源であることが多いですが、全てが必ずしも当てはまるとは限りません。業界構造を知る上で、分類先の情報と収益の推移の関係を把握しておく必要があります。

　建設機械の製品別の例で考えてみましょう。建設機械業界は、2015年12月現在、厳しい状況が続いています。この要因は、中国の建設機械市場と、鉱山機械市場の需要減が影響していると言われています。鉱山機械とは、鉱山で使われる大型の工作機械のことです。鉱山機械市場は業界の売上高比率としては2割程度しかないと言われていますが、業績が落ち込むということは、鉱山機械向けの利益率は主要製品の中では比較的高い、ということが言えます。

　収益源が、製品・サービス別のみで特定できるとは限りません。地域別や用

途別で特定される場合もあります。例えば、ベアリングという機械部品の例で考えてみましょう。

　世界のベアリング市場は、ベアリング首位メーカーであるSFKの調べによれば、約4割が自動車向け、3割強が一般産業向け、残り3割が卸売向けと言われています。一般産業とは自動車業界以外の産業向け、卸売向けとは、アフターサービスです。ベアリング業界の場合、主要プレイヤーが大手に限定されている寡占市場ですが、用途別の利益率を開示しているNTNの決算情報によると、自動車向けよりも一般産業向けの方が、利益率が高くなる傾向にあります。これには理由があります。自動車向けは大量生産の標準品ですが、一般産業向けはそれよりは生産個数が少ない傾向にあります。大型品になればオーダーメイドになりますので、利益率が高くなります。

　従って、いかにして一般産業向けを開拓するかが業界の収益性向上の鍵になります。

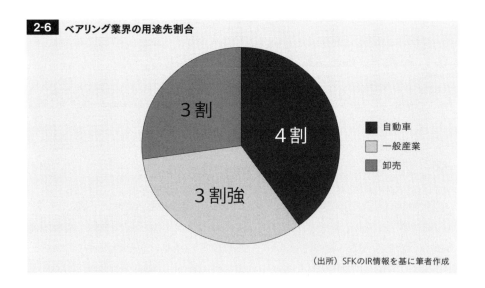

2-6　ベアリング業界の用途先割合

（出所）SFKのIR情報を基に筆者作成

　このように用途別、地域別、製品・サービス別での業界分類を試みることによって、業績を左右する分類がどこになるのかを特定することが、業界構造を把握する上で重要なポイントになります。

3. 季節性の有無を把握しよう

　次に、扱う業界の季節性を確認しましょう。業界によって季節性の出方は異なりますし、季節性を無視して業績の良い悪いを判断するのは危険です。いくつかのパターンに分けてみましょう。

① 年末に最も需要が増える業界

　年末に最も需要が増える業界は、個人消費に関連するものが多いでしょう。典型例は百貨店業界です。クリスマス商戦や歳末大売り出しということで、12月に個人消費は増えやすい傾向にあります。

② 年度末に最も需要が増える業界

　年度末に最も需要が増える業界の代表例は建設業界です。年末や年度末に需要が増えやすくなる業界ですが、これは顧客の予算消化の都合によるもので、特に公共事業については、年度末に需要が最も増えます。公共事業以外にも、日本では会計期間を3月期にしている会社が多いため、年度末である3月に予算消化の都合で最も需要が多くなる業界が多々あります。建設のために使う機械装置を供給する建設機械業界もまた、年末および年度末に需要が増える傾向があります。同じ建設機械業界でも、中国の場合には、春節と言われる旧正月を明けた時期が最も需要が増える傾向があるなど、国によって異なる傾向があるため、注意が必要です。

3 夏場に最も需要が増える業界

　夏場に最も需要が増える業界の代表例は観光業です。7～8月に夏休みがあるからで、例年夏場は訪日外国人観光客数や日本を出国する日本人観光客数が最も増える時期を迎えます。また、家庭用空調は夏場を迎える6～7月に1年で最も需要が増えます。

4 それ以外の時期に季節性がある業界

　それ以外の時期にも季節性がある場合があります。例えば、スマートフォンを作る機械装置の設備投資です。スマートフォン、特にiPhoneは例年、年末商戦に合わせて9月頃に新モデルの発売を開始しています。この時期に合わせて製品開発するため、その機械装置は例年、1-3月期から需要が増え始め、4-6月期にピークを迎えます。また、iPhoneは新モデルと、その派生モデルでは設備投資のボリュームが異なると言われています。具体的には、iPhone6が出る際には、異なる筐体のサイズになり、規格が変わるので、多くの機械装置需要が出ました。また、iPhone6に対抗して、中国スマホなどの競合他社も新モデルの開発に着手したため、大幅な増加を生みました。しかし、iPhone6sが出る際には、iPhone6とサイズが同じで大幅な変更はないため、機械装置需要はiPhone6が出る際に比べ減りました。

　また、農業機械は製品によって需要期が異なります。例えば田植機は田植え前の春の時期、コンバインは秋に収穫する前の時期です。このように需要期が分散化している業界もありますので、注意が必要です。

5 季節性の確認方法

　では、自分が扱う業界について、どうやって季節性を確認すればいいのでしょうか。端的な方法は、1）月次データを並べる、2）前年同月比を取る、の2つです。月次データが取れない場合は、四半期データを並べて前年同期比を取りましょう。数年分並べて、特定の同じ時期に決まって需要が増えたり、減

ったりしていれば、季節性があるとみていいでしょう。重要なのは、1年で需要の山と谷を迎える時期を見出すことです。前年同月比（または前年同期比）を取れば、需要の山と谷の季節性を除去した見方が可能になりますが、季節性の山谷の時期が分かれば、需要が増えたのが季節性によるものなのか、それ以外の要因によるものなのかを見出しやすくなります。

6 季節性の応用論点

　業界の季節性が理解できれば、さらに違った見方ができます。その典型例が、イベント発生による需要の増減です。例えば、消費税増税について考えてみましょう。2014年4月に消費税が5％から8％に引き上げられました。この増税イベントの発生の前後では、2つの変化が生じました。1つは増税前の駆け込み需要です。もう1つは、消費税増税後の反動減です。消費税増税前は、増税後の値上げを見越して、前もって購入しておこうという動きが見られました。このため、高級品ほど多く買われました。しかし増税後は逆に買い控えがなされ、消費が落ち込みました。消費税の場合、建設、自動車、家電など、個人消費に関わる業界に広く影響を与えましたが、それ以外にも、さまざまなイベントが起きた場合に、どういった業界に影響が生じるかを考える癖を付けましょう。例えば、冷夏となった場合、どんな業界にどのような影響が生じるでしょうか？　典型例は農業ですが、それ以外にも、農家の所得が減ることで、農業機械の購買の落ち込みも予想されます。さらには、家庭用空調の消費の落ち込みもあり得るでしょう。このように冷夏というイベントで、関連する業界の需要が落ち込みますが、裏を返せば、その次の年は、前年と比較すると、前年の需要が落ち込んでいた分、前年同期比でプラスになりやすくなります。イベントが起きたことを覚えておけば、翌年になればどういった状況が起きるかが予想しやすくなります。

7 中長期サイクルを押さえる

　業界の年間の季節性が分かるようになれば、次は長期サイクルも押さえるようにしましょう。基本的には景気変動などの外部環境の変化に応じて業界の需

要動向は変わりますが、業界によっては中長期的なサイクルがあります。例えば、スマートフォンの設備投資サイクルは2年と言われています。これは、iPhoneのモデルサイクルの影響が大きいためです。iPhone6が出た際には工作機械や産業用ロボットなどの機械装置の設備投資が増えましたが、iPhone6sが出た際には筐体のサイズが同じでマイナーチェンジに止まるため、設備投資はiPhone6の時ほどには出ませんでした。また、半導体業界ではシリコンサイクルがあり、4年程度の周期で変動が起きると言われています。景気動向によるものなのか、業界特性のサイクルによるものなのかを知っておくことは重要ですので、押さえておきましょう。

4. 規制動向を確認しよう

　季節性の他に業界構造を把握する上で重要なものは、規制動向です。業界によって規制は異なりますが、規制は業界の参入障壁になるため、どんな規制があるかを把握しておくことは重要です。同じ業界でも、国によって規制の基準が違う場合もあります。パターンとして例を3つ挙げてみます。

1 規制が国によって異なることが参入障壁となっている例

　第一が、国によって規制の基準が違う例です。典型例としては、モーター業界が挙げられます。モーターは国によって規制の基準が異なります。国内で主要プレイヤーであっても、海外に進出してシェアを上げていくためには、その国の規制をクリアしなければなりません。これ以外にも、電力機器など、国により規制が異なることで参入障壁となっている業界があります。

2 規制が優位性を生む例

　規制が優位性を生んでいる例もあります。これはグローバルで見たときに、ある特定地域や事業会社が打ち出した方式が事実上のスタンダードになっているものです。例としては、鉄道車両の国際規格があります。鉄道車両業界では、IRIS（国際鉄道産業標準）という国際規格がありますが、これは欧州発の標準化の動きによるものです。鉄道車両業界では欧州メーカーが高い世界シェアを有していることから、国際規格と言っても欧州がベースになっています。欧州地域に日本企業が参入しシェアを上げるには、この国際規格に沿った対応が必要になることから、事実上の参入障壁となっています。逆に欧州メーカーにとっては、この規制が優位に働きます。

この他にも、デファクトスタンダードと呼ばれる事実上の標準規格があります。典型例としては、かつてのVHSとベータ競争や、ブルーレイとH-DVD競争などがあります。デファクトスタンダードを確立した企業にとっては市場規模が拡がれば優位性を発揮できることになりますが、デファクトスタンダードの競争に敗れた企業にとっては大きな損失を生むことになります。また、確立された規格に基づいて関連企業も取り組むことになりますので、規格の制約を受けることになります。

3　規制が駆け込み需要を生む例

　規制が駆け込み需要を生む場合もあります。典型例は、省エネ規制です。トラックや建設機械、農業機械などでは、エンジンの排ガス規制があり、この規制が強化される直前期には買い替え需要が生じやすくなります。この例の場合も①と同様、国によって規制は異なるわけですが、規制が導入されるタイミングに景気が悪い場合には、買い替え需要の喚起によって、業界の景気を持ち直す可能性も出てきます。逆に、買い替え需要が一巡すればその分、反動減が生じやすくなりますので先行きを見る上で切り替えるタイミングを知っておくことが重要になります。この規制強化に合わせた製品を出せる企業は買い替え需要を享受できますが、規制の基準に対応できない場合は競争に乗り遅れることになります。

5. 業界のリスク要因を考えよう

　第3～4節で季節性や規制動向について取り上げました。ここでは、それ以外のリスク要因について考えます。例としては、1）原材料価格（仕入価格）、2）為替、3）製品価格、4）その他需要動向に影響を与える変動要因、などです。

1　原材料価格

　第一に、原材料価格（仕入価格）です。原材料価格が高騰すれば、業界には悪影響が生じます。逆に、原材料価格が低下すれば、業界にとってはプラスになります。例えば、建設資材の価格が高騰すれば、住宅メーカーの仕入コストが上昇するため、販売価格が値上げできなければ、業界の収益性は低下します。また、インターネット通販業界の場合、配達業者に依頼する輸送コストが上昇すれば、業界の収益性は低下します。陸運業界の場合、ガソリン価格が上昇すれば、業界の収益性は低下します。

2　為替

　第二に、為替です。為替の場合、プラス影響を受ける業界とマイナス影響を受ける業界とで明暗が分かれます。為替が円安になった場合、原則として、輸出産業にとってはプラス影響が生じます。その理由は、円安は海外での製品価格の低下をもたらし、海外の競合他社との比較で価格競争力が増すからです。逆に、輸入産業にとってはマイナス影響が生じます。これは、輸入原材料価格の高騰をもたらすためです。なお、輸出産業でも近年では必ずしもプラス影響が生じているとは限りません。2008年のリーマンショック以降、各メーカーが海外現地生産を進めた結果、必ずしも円安による為替メリットが生じてい

るとは限らない企業もありますから、個別に確認する必要があります。

3 製品価格

　第三に、製品価格です。製品価格が低下すれば、業界には悪影響が生じます。製品価格の変動が激しい例は、半導体業界です。例えば、パソコンやスマートフォンの記憶素子として使われるメモリの一種であるDRAMは需給の変動が激しいため、製品価格も激しく変動します。この結果、需要が急減した際には価格も急速に落ち込みます。あまりにも需給の変動が激しいため、日本で唯一の大手DRAMメーカーだったエルピーダメモリは2012年に会社更生法の適用申請へと追い込まれました。製品価格は需給バランスの変化で変わりますが、技術革新や競争激化によっても変動します。逆に製品価格の値上げがしやすい業界は、相対的に需要変動に強い業界と言えるでしょう。

4 間接的な変動要素に要注意

　その他、直接的には関連しなくても、間接的に影響を受ける変動要素があります。例としては、原油価格と建設用クレーン業界、米価格と農業機械業界の関係などです。建設用クレーンは車輪の付いたクレーンですので、原油の海洋採掘では使いません。しかし、北米ではエネルギー産業のプロジェクトで使われていますので、間接的な影響は生じます。また、農業機械の売り先は農業従事者です。米価の変動は機械の売上に直接関係はありませんが、米価の変動は農業従事者の収入に影響します。このため、米価が下落すれば農業機械の需要は減りやすくなりますし、逆に上昇すれば需要は増えやすくなります。また、工作機械や射出成形機、プレス機械など、自動車業界に関連する設備投資の業界であれば、自動車業界の生産減少が長引けば、設備投資が減る可能性が高くなるため、自動車業界の生産動向には注意が必要になります。このように、直接的な変動要素ではないのですが、業界の需要動向を見る上で間接的に注視した方がいいベンチマークの指標が存在します。このような指標がないかどうかを見出すことが、業界構造を捉える上で重要ですので、覚えておきましょう。

6.
製品技術やサービスの今後の方向性を押さえる

1　業界再編の方向性

　次に、業界の製品やサービスの今後の方向性について調べましょう。過去の業界の動きを調べると、業界の方向性が見えてきます。ある程度の市場規模が世界で確立されている業界の場合、業界再編が最も起きやすい動きです。例えば、造船業界の例で考えてみましょう。造船業界は、日本、韓国、中国が主要プレイヤーですが、徐々に中国の存在感が増し、日本の造船会社は業界再編を余儀なくされました。今では日本の造船会社の数はだいぶ減りましたが、世界の造船業界の手持工事量（受注残高に相当）は依然、2008年の水準の半分程度のため、今後さらに業界再編が起きる可能性があります。

　この他、フォークリフト業界もM&Aによる業界再編が不可避となっています。フォークリフト業界は造船業界と異なり、世界販売台数はリーマンショック前の水準を超えて成長していますが、競合間の競争が激しいためにプレイヤーの経営統合が近年進んでいます。2012年には日立建機の子会社のTCMと日産フォークリフトが経営統合し、ユニキャリアグループが誕生したほか、2013年には三菱重工業のフォークリフト事業とニチユが経営統合し、ニチユ三菱フォークリフトが誕生しました。さらには、2016年3月末にはそのユニキャリアとニチユ三菱フォークリフト、三菱重工業がグループ化しました。このように急速な経営統合が進んでいることから、プレイヤー数の減少が今後も進んでいくと予想されます。これら過去に業界再編の動きが見られた業界については、今後もさらに再編が進む可能性があるでしょう。

2 市場拡大の方向性

　次に知っておくべき動きとしては、市場拡大の方向性です。市場がグローバル化している業界の場合、この動きはつかんでおく必要があります。用途別、製品・サービス別、地域別に市場を分けてみた上で、どの区分を業界は伸ばそうとしているのかをつかむ必要があります。これは現在割合の大きい区分とは限りません。例えば、トラック業界は東南アジアが主要市場になっていますが、トラックに架装する特装車業界の場合、主要市場は日本で、トラック業界ほど海外売上高比率がありません。車両搭載型クレーンやダンプトラックといった特装車はトラックを元に作るものですから、今後はトラック業界に遅れながらも徐々に東南アジア向けが伸びていくことが予想されます。製造業の場合、2008年のリーマンショック以降、多くは中国をはじめとした海外市場を拡大していきました。しかし近年では地域・業界によってトレンドに差が生じています。

2-7　特装車業界の東南アジアへの進出度合い

| ダンプトラック | < | 車両搭載型クレーン | < | トラック |

※車両搭載型クレーン、ダンプトラックは、トラックを元に架装して作る特装車の一種

第3章

市場環境・競争環境を調べよう

Statistics,
Share,
Strategy

1. 経済統計を調べよう(Statistics)

1 主な政府統計

① 経済統計の種類

この章では、経済統計の種類について学んでいきます。経済統計の種類はさまざまありますが、国の経済統計を見ると、大きく分けて一次統計と二次統計から成り立っています。

3-1 国の経済統計の種類

一次統計	動態統計	産業活動の短期的動向を把握する統計
	構造統計	産業の構造を把握する基礎的な統計
	企業統計	企業活動を把握する統計
二次統計	（加工統計）	一次統計などを加工した統計

一次統計は、統計を作成することを目的として行われる調査から得られる統計です。これに対して、二次統計は、一次統計などから加工した統計で、加工統計とも呼ばれます。

一次統計は、大きく分けて動態統計（産業活動の短期的動向を把握する統計）と構造統計（産業の構造を把握する基礎的な統計）の2つに分かれますが、その他に企業統計（企業活動を把握する統計）もあります。動態統計の例としては、生産動態統計調査や商業動態統計調査があります。構造統計の例としては、工業統計調査や、商業統計調査が該当します。企業統計の例としては、情報通信業基本調査があります。また、二次統計の例としては、国民経

済計算（GDP統計）が挙げられます。

このような体系があるわけですが、それでは、市場規模を調べる際には、どの統計を見ればいいのでしょうか？

最初に見るべきは、動態統計です。動態統計は、産業活動の短期的動向を把握する統計ですので、年次データだけでなく、月次データや四半期データが取れる可能性があります。

構造統計は産業構造を把握することを目的にしていますので、より詳細な年次データを取る際には大いに活用できますが、月次データや四半期データを取るといった、直近の市場動向を把握する際には不向きです。

② **経済産業省の統計の種類**

市場規模を調べる際に最も接する確率が高いのは経済産業省の経済統計になります。これは、経済産業省の所管が鉱工業、商業、サービス業と、対象範囲が広いからです。経済産業省の主な経済統計を見ていきましょう。

3-2　経済産業省の主な経済統計

統計の分野		鉱工業	商業	サービス業
一次統計	構造統計	経済センサス-活動調査（5年）		
		工業統計調査（毎年）（注1）	商業統計調査（5年）（注2）	特定サービス産業実態調査（毎年）（注1）
	動態統計	生産動態統計調査（毎月）	商業動態統計調査（毎月）	特定サービス産業動態統計調査（毎月）
	企業統計	情報通信業基本調査（毎年）		
二次統計	（加工統計）	鉱工業指数（IIP）（毎月）	第3次産業活動指数（毎月）	
		全産業活動指数（毎月）		

（注1）経済センサス-活動調査の実施の前年を除く。
（注2）経済センサス-活動調査の実施の2年後。

経済産業省の経済統計は多岐にわたるため、図はビジネスリサーチに関連するものに限定して取り上げていますが、大きく業種別に分けてみることが

できます。鉱工業をみる場合には、工業統計調査、生産動態統計調査、鉱工業指数（IIP）の３つが関わってきます。商業の場合は商業統計調査、商業動態統計調査、第３次産業活動指数、サービス業の場合は特定サービス産業実態調査、特定サービス産業動態統計調査、第３次産業活動指数、情報通信業の場合は情報通信業基本調査、第３次産業活動指数になります。

　経済センサス－活動調査は、2012年より５年に一度行われる大規模基本調査です。先ほど、産業活動の短期的動向を調べる際には動態統計と申しあげました。鉱工業であれば生産動態統計調査、商業であれば商業動態統計調査、サービス業であれば特定サービス産業動態統計調査になります。これらは月次で統計を作成・公表していますので、より直近の市場動向を把握できます。また、情報通信業の場合、情報通信業基本調査になります。こちらは残念ながら年次公表のため、年間ベースのデータしか取れません。基本的には生産動態統計調査、商業動態統計調査、特定サービス産業動態統計調査、情報通信業基本調査を活用して市場規模を把握することになります。

　なお、生産動態統計調査は元々、多岐にわたる経済統計の集合体です。具体的には、鉄鋼・非鉄金属・金属製品統計年報、化学工業統計年報、窯業・建材統計年報、資源・エネルギー統計年報、機械統計年報、繊維・生活用品統計年報、紙・印刷・プラスチック・ゴム製品統計年報から成っていました。現在では、これらの統計年報を統合し、分野別に再編しています。
　また、商業動態統計調査は、卸売業、小売業のうち、代理商、仲立業を除く業態が対象となっています。百貨店、スーパー、コンビニエンスストアなども対象になります。
　特定サービス産業動態統計調査は、対事業所サービス業と対個人サービス業から成っています。対事業所サービス業は、物品賃貸（リース）業、物品賃貸（レンタル）業、情報サービス業、広告業、クレジットカード業、エンジニアリング業、インターネット附随サービス業、機械設計業、自動車賃貸業、環境計量証明業が挙げられます。
　対個人サービス業は、ゴルフ場、ゴルフ練習場、ボウリング場、遊園地・テーマパーク、パチンコホール、葬儀業、結婚式場業（企業調査）、外国語

3-3 生産動態統計の主な分野

現在の名称	旧名称
鉄鋼・非鉄金属・金属製品統計編	鉄鋼・非鉄金属・金属製品統計年報
化学工業統計編	化学工業統計年報
資源・窯業・建材統計編	窯業・建材統計年報、資源・エネルギー統計年報
機械統計編	機械統計年報
繊維・生活用品統計編	繊維・生活用品統計年報
紙・印刷・プラスチック製品・ゴム製品統計編	紙・印刷・プラスチック・ゴム製品統計年報

(出所)経済産業省ウェブサイト

会話教室、フィットネスクラブ、学習塾が挙げられます。

　鉱工業指数(IIP)や第3次産業活動指数といった指数は、産業の活動状況を見るための指数です。鉱工業指数は鉱業・製造業の生産活動を把握するため、第3次産業活動指数は第3次産業の活動を把握するため、それぞれ指数化したものです。これらは景気動向を見るためのもので、特に鉱工業指数は景気動向指数の採用系列(一致系列)になっており、広く注目・利用されています。従って、市場規模を把握するよりは景況感の把握のために見るものと捉えましょう。

③ 他省庁の統計

　次に、他省庁の統計を見てみましょう。農林水産省は農林水産分野、国土交通省は運輸分野、厚生労働省は薬事分野、総務省は情報通信分野と、所管事項に沿って統計が整備されています。ただし、経済産業省の統計と異なり、分野別に月次統計がきれいに整っているわけではありません。月次統計であっても、公表時期がだいぶ遅いものもあります。また、統計そのものが廃止される場合もあります。従って、個別に確認が必要でしょう。

3-4 各省の主な統計

省名	統計名	更新頻度
国土交通省	建築着工統計調査	月次
	建設工事受注動態統計調査	月次
	建設総合統計	月次
	主要建設資材月別需要予測	月次
	造船造機統計調査	月次
	鉄道車両等生産動態統計調査	月次
	トラック輸送情報	月次
	自動車輸送統計調査	月次
	鉄道輸送統計調査	月次
	航空輸送統計調査	月次
	内航船舶輸送統計調査	月次
	港湾調査	月次
	自動車燃料消費量調査	月次
農林水産省	食品産業動態調査	月次
	作物統計	年次
	特定作物統計調査	年次
	畜産物流通調査	年次
	花木等生産状況調査	年次
	木材需給表	年次
	漁業生産額	年次
	海面漁業生産統計調査	年次
	産地水産物流通統計	月次
	水産加工統計調査	年次
	内水面漁業生産統計調査	年次
厚生労働省	薬事工業生産動態統計調査	月次
総務省	通信・放送産業動態調査	月次
	情報通信業基本調査	年次
	通信利用動向調査	年次

各省ウェブサイトより筆者作成

2　業界統計があるか探そう

① 業界団体の業界統計

　国の経済統計で全ての業界の市場規模情報が得られるわけではありません。そもそも、最も整備されている経済産業省の生産動態統計にしても、月次情報の公表時期は、調査月から2ヶ月程度遅れます。これを補うのが、業界団体が作成している業界統計です。

　多くの業界は、業界の課題や情報を共有するため、業界団体を結成しています。代表例は日本自動車工業会、日本工作機械工業会、日本百貨店協会、日本フランチャイズチェーン協会といった業界団体です。これらの業界団体では、加入会員の業界統計を作成し、公表しています。これらの業界団体の業界統計は、規模や情報開示方針によって情報入手の難易度は異なりますが、大規模な業界団体であれば大抵月次データを作成・公表しており、政府統計よりも情報開示が早いです。従って、調べたい業界の市場規模や直近の需要動向を知る上で重要な役割を担っています。

② 業界統計の使用上の留意点

　業界団体の経済統計を利用する上で留意すべき点が2点あります。

１）業界統計の使用許諾が必要なケース
２）業界統計による市場規模の限界

　第一が、業界統計の使用許諾が必要になるケースです。業界団体によっては、業界統計を販売物として扱っている場合があります。例えば、半導体製造装置業界では、日本半導体製造装置協会が3ヶ月平均の受注高、販売高を毎月業界統計として公表していますが、統計資料を転載または複写することや、公表または公表を補助することを禁止しています。また、航空機業界では、日本航空機開発協会が民間旅客機の受注・納入状況を毎月公表していますが、過去の公表情報はその都度削除してしまい、継続開示をしていません。このように業界によっては利用のしやすさが異なっているため、業界団体へ

の確認が必要でしょう。

　第二が、業界統計による市場規模の限界です。業界統計の総額が業界全ての市場規模を網羅しているわけではありません。理由は2つあります。1つは、会に加入していない企業がある場合、統計の集計から漏れてしまう、ということです。全企業が必ずしも業界団体に加入しているわけではありません。もう1つは、加入している会員のデータ登録の仕方の違いです。会員によって、単体のデータを登録しているケースと、連結のデータを登録しているケースとでやり方が異なっている場合があります。これは会社の月次集計の違いから生まれるもので、単体ベースのデータの場合、抜けが生じている場合がありますし、連結ベースのデータの場合、海外向けのデータが入り込んでいる場合があります。従って、活用する場合には、「〇〇工業会の統計データによると、」などの前提を説明して付けておくといいでしょう。

　政府統計や業界団体の業界統計で市場規模が得られない場合には、民間市場調査会社や政府機関の調査報告書を入手し、市場規模を調べましょう。

３　事業会社のIR情報から入手するケース

　事業会社のIR情報から市場規模を入手できるケースもあります。例えば、建設機械業界が例として挙げられます。建設機械業界は、日本建設機械工業会の統計から国内の市場規模を把握することが可能です。しかし、同業界は既に主要プレイヤーがグローバル化していることから、世界の地域別市場動向を把握する必要があります。そこで、コマツや日立建機、タダノといった主要プレイヤーが各々、世界の地域別需要動向を推計し、決算説明資料で開示しています。

　日立建機は、建設機械の主要機種である油圧ショベルの地域別需要台数を決算説明資料で開示しています。タダノは、建設用クレーンの地域別需要台数を決算説明資料で開示しています。これらのプレイヤーのように詳細な市場規模までは把握していなくても、業界の主要プレイヤーはおおよその市場規模をつかんでいる場合もありますので、問い合わせしてみるのも手でしょう。

4　市場規模を推計するケース

① 完成品市場をベースに推計するケース

　政府統計や業界団体の業界統計、民間市場調査会社、事業会社のIRのデータなどをもってしても業界の市場規模がつかめない場合もあります。比較的市場規模が小さな業界の場合に多いです。しかしながら、そのうちの一部は、市場規模を推計することによりつかむことが可能な場合があります。例えば、部品市場の場合を考えてみましょう。

　部品市場の場合、部品そのものの市場規模を経済統計で捉えていないことが往々にしてあります。そこで、完成品1台当たりに占める搭載個数を求めます。例えば、自動車1台につき2個搭載される部品の場合、自動車の市場規模の台数がわかれば、それを2倍すれば市場規模の個数が分かります。また、1台当たりに占める平均単価がわかれば、市場規模の金額もわかります。自動車だけでなく、他の機械装置などでも、「1台当たりの搭載個数」と「平均単価」がそろえば、同様に推計することが可能です。

② 類似市場をベースに推計するケース

　直接の市場規模は統計データから得られないものの、類似市場から近い情報を得られる場合もあります。例えば、金型部品市場は金型で市場規模を代用しています。金型部品は、金型に取り付ける部品です。プレス機械や射出成形機といった、成形機にはなくてはならない構成部品ですが、その市場規模を推計するのは難しいとされています。しかし、金型部品は必ずといっていいほど、金型を必要とします。金型は、金属部品や樹脂部品をプレス加工や射出成形などにより製造するための金属の型のことです。金型そのものは市場規模を経済統計（経済産業省の生産動態統計の機械統計編）で得ることは可能です。金型部品は金型に取り付けるものですので、金型の市場規模で代用するのです。プレス機械や射出成形機などの成形機の市場規模からはかることも可能ですが、金型の方がより近いでしょう。

③ 主要プレイヤーの財務データを積み上げるケース

　主要プレイヤーの財務データを積み上げることで、より実態に近い需要動向を把握する方法もあります。例えば、機械商社の市場規模の推移を把握したいと思った場合、経済産業省の商業動態統計で産業機械器具卸売業、機械器具小売業から販売額を得ることはできます。が、この中には電機・電子部品の小売業も含まれているなどしており、主要プレイヤーの売上高推移と、経済統計の市場規模の推移とが必ずしも一致していない場合があります。そこで、主要プレイヤーの売上高を合算することで市場の傾向をみるのです。この手法のメリットは、競争環境が近い会社に限定して積み上げれば、より限定した市場で計測できることです。

5　業界と関連する統計情報を入手しよう

　業界の市場規模だけでなく、業界に影響を与える、あるいはベンチマークになる統計情報を把握しておくことも重要です。いわば好不調を知るベンチマークですが、月次データなどが得られない業界の場合には、このベンチマークの統計情報が継続的に入手できるようであれば、状況把握のために参考になります。例を挙げてみましょう。

　例1）為替レート
　輸出入を行う業界の場合、為替レートが急激に変動すると、業績に大きな影響を与えます。円高になった場合、一般に輸出産業であればマイナス影響、輸入産業であればプラス影響となります。輸出産業の例としては自動車業界や機械業界といった製造業、輸入産業では国内向けに扱う卸小売業やサービス業があります。

　例2）住宅着工件数
　建設業界や不動産業界、建設機械業界では、好不調を表すベンチマークになります。特に住宅着工件数は景気の先行きを表す統計の1つですから、景気の好不調をはかるベンチマークにもなります。建設機械業界の中では、直接連動するものはミニショベル（重量6トン未満）と言われる都市部で使われる建設

機械が挙げられます。

　例3）完成品の生産台数
　自動車部品業界では、完成品である自動車の生産台数を把握することは非常に重要です。顧客の自動車の生産台数が減れば部品売上も減りますし、逆に増えれば部品売上は増えます。自動車業界全体の生産台数が減ればもちろん、部品売上も減るでしょう。部品業界では、完成品の生産台数に売上が連動しますので、完成品の生産動向を把握しておくことが重要です。
　このように業界によって取れるかどうかや、取れるデータの性質の違いがありますが、どのような統計情報で業界の好不調を判断することができるのか知っておくことは非常に重要ですので押さえておきましょう。

2. 市場シェアを調べよう（Share）

1 市場シェア情報の取り方

　ここでは、市場シェア情報の取り方について学びましょう。アプローチとしては、次の方法があります。

　① 『日経業界地図』を参照する
　② 日経テレコンを使って記事検索する
　③ ネット検索する
　④ 矢野経済研究所、富士経済の調査報告書を入手する
　⑤ 業界シェアの調査会社の情報を入手する
　⑥ 『MARKET SHARE REPORTER』の情報を入手する
　⑦ 事業会社のIR情報を入手する

① 『日経業界地図』を参照する
　順を追って見ていきましょう。まず、最もシンプルな方法は、『日経業界地図』から市場シェア情報を入手する方法です。『日経業界地図』では、主要製品・サービスの国内シェア・世界シェアについて情報を掲載しています。より直近の情報は、例年7月頃、日経産業新聞に掲載されるので、チェックするといいでしょう。日経新聞社で調査している品目は、比較的市場規模の大きな主要品目になります。ここに載っているようであれば、シェアデータが経年で入手できる可能性が高いです。

② 日経テレコンを使って記事検索する
　第二に、日経テレコンを使って記事検索する方法です。『日経業界地図』

に載っているシェア情報は、例年7月頃公表の日経シェア調査に掲載されていますので、検索すれば入手可能でしょう。また、これ以外の製品・サービスでも日経新聞では記事掲載している場合があるため、調べてみるといいでしょう。

③ ネット検索する

　第三の方法がネット検索です。なぜネット検索が後かと言えば、主要業界であれば、記事検索をした方が情報を拾いやすいからです。ネット検索では、ここからさらに漏れているシェア情報を取ることになります。例えば、調べたい業界名と「シェア」と入れて検索するだけで情報が出ることもありますし、英語で検索すれば出てくる場合もあります。

④ 矢野経済研究所、富士経済の調査報告書を入手する

　第四の方法が、矢野経済研究所、富士経済の調査報告書を入手する方法です。ネット検索でこれら2社の調査報告書があるかを探しましょう。調査報告書があれば、図書館等で入手することによって、より詳細な情報が得られるでしょう。

⑤ 業界シェアの調査会社の情報を入手する

　第五の方法が、業界シェアの調査会社の情報を入手する方法です。国内市場については、矢野経済研究所や富士経済の2社である程度網羅できますが、世界の市場規模や市場シェアに関する情報を取る場合には、外資系の調査会社はグローバル展開していますので有益です。IDCやGartnerは、PC、サーバー、ストレージ、プリンター、スマートフォンなどのハードウェアやソフトウェアといったIT分野が得意ですが、一部では製造業も扱っています。

3-5 主な市場調査会社の特徴（再掲）

社名	地域情報	特徴
矢野経済研究所	国内中心	国内が中心で幅広い業界を網羅
富士経済	国内中心	国内が中心で幅広い業界を網羅
IDC	グローバル	IT関連業界が得意。グローバルで展開
Gartner	グローバル	IT関連業界が得意。グローバルで展開
IHS	グローバル	製造業が得意。グローバルで展開
Freedonia Group	グローバル	製造業が得意。米国中心だがグローバル情報あり
Euromonitor	グローバル	消費財・サービス業界が得意。グローバルで展開
BMI Research	グローバル	消費財・サービス業界が得意。グローバルで展開
Datamonitor	グローバル	医薬品業界が得意。グローバルで展開

　業界によって更新頻度は異なりますが、IDCやGartnerでは、PC、プリンター、スマートフォン、サーバーなどの業界は四半期おきに出荷額や市場シェアを推計し公表しています。事業会社においても、両社が推計する市場規模の推移や市場シェアは業界内で重要なベンチマークとなっていますので、これらの業界を調べる場合には、優先的に押さえておくべき情報となるでしょう。

　IHSは半導体、自動車などの製造業を中心に扱っています。特に半導体業界は例年、業界の世界売上高ランキングを集計したり、DRAMやNAND型フラッシュメモリ、マイコンといった、個々の半導体製品のシェアを集計したりしています。半導体業界はIDCやGartnerでも扱っていますが、IHSは造船など、他の製造業も扱っています。なお、液晶業界の場合は、NDPディスプレイサーチという調査会社の集計情報が業界では主流になっています。

　Freedonia Groupは製造業が中心ですが、アメリカの調査会社のため、地域別でアメリカが中心になります。また、英語が中心です。毎年継続的には調査していない場合が往々にしてあるなどの難点がありますが、IDCやGartner、IHSでは扱っていない業界を取り上げている場合があります。市場シェアより、業界の世界の地域別市場規模をざっくり把握する際に活用で

きるでしょう。

　EuromonitorやBMI Research は日用品、アパレルなどの消費財や、サービス業界を得意としています。例えばEuromonitorは化粧品、衣料品、炭酸飲料、ビール系飲料、たばこ、紙おむつなどの日用品を多く扱っています。

⑥『MARKET SHARE REPORTER』の情報を入手する

　第六の方法が、『MARKET SHARE REPORTER』の情報を入手する方法です。『MARKET SHARE REPORTER』は、主に各製品・サービスの世界シェアをまとめた冊子です。英文であり、かつアメリカが中心の情報になりますが、世界の主要プレイヤーの情報が複数冊にわたって取りまとめられていますので、貴重なシェア辞典となるでしょう。Amazonなどのネット通販で販売していますが、購入するには10万円前後する高価なものです。図書館に置いてあるか調べてみましょう。

⑦ 事業会社のIR情報を入手する

　第七の方法が、事業会社のIR情報を入手する方法です。情報開示の進んでいる事業会社の場合、事業会社のウェブサイトにアナリスト向け決算説明会資料や、個人投資家向け説明会資料に市場シェア情報を載せている場合があります。これは、事業会社自身が投資家に自社の株を買ってもらうために、自社の市場シェアを調べてアピールしているためです。ニッチな製品・サービス分野でシェアの高い企業ほど、投資家に自社の強みをアピールするために載せていることが多いですから、経済統計や調査報告書などで調査対象の製品・サービス分野が見つからない場合には特に調べてみましょう。

2　市場シェアの数値そのものが得られない場合

　さて、残念ながら①で触れた方法をもってしても市場シェア情報が得られない場合があります。その場合、次の2つの方法を試してみましょう。

① 事業会社の広報・IR担当に問い合わせる

　最短の方法は、事業会社の広報・IR担当に問い合わせてずばり市場シェアを聞く方法です。事業会社のウェブサイトに情報が載っていなくても、事業会社自身は市場シェアを把握している場合があります。このため、確認してみるといいでしょう。

② 自分で推計を試みる

　自分で推計を試みる方法もあります。例えば、国の経済統計や業界統計などで市場規模がつかめる場合、調査対象企業の売上高や受注高、販売台数、生産台数といった同基準の情報が得られれば、推計は可能です。推計する場合には、推計する条件を明示するようにしましょう。例えば、業界団体の統計を基にした場合には、「〇〇工業会の受注統計ベースでは、」などの形です。

3. 競争環境を調べよう（Strategy）

1 企業情報の調べ方

　ここでは、企業情報並びに競争環境の調べ方について学んでいきます。これまでは業界情報にフォーカスして述べてきましたが、企業情報を調べる場合には次ページの図表3-6のように集約されます。

　会社概要を把握するには、企業ウェブサイトを調べるのが最も近道ですが、特徴そのものをストレートに記述していないことが多いですので、大手企業であれば、既述の日本経済新聞出版社の『日経業界地図』や東洋経済新報社の『会社四季報業界地図』、また矢野経済研究所や富士経済の調査報告書などで特徴が載っていないか、確認するといいでしょう。また、上場企業であれば、東洋経済新報社の『会社四季報』は、企業情報のサマリーが載っていますので、大変有用です。四半期毎に発行されていますので、直近の会社業績の見通しや業績の定性的なサマリーコメントが載っています。日本経済新聞出版社の『日経会社情報』も同様です。

3-6 企業情報の主な情報源

調査項目	上場・未上場の別	情報源	媒体
会社概要	双方	日本経済新聞出版社『日経業界地図』	書籍
		東洋経済新報社『会社四季報業界地図』	
		矢野経済研究所の各種調査報告書	
		富士経済の各種調査報告書	
		企業ウェブサイト	ウェブ（各社）
	上場	東洋経済新報社『会社四季報』	雑誌
		日本経済新聞出版社『日経会社情報』	
	未上場	東洋経済新報社『会社四季報 未上場会社版』	
財務データ・株価	上場	EDINET（有価証券報告書）	ウェブ
		Yahoo!ファイナンス（株価）	
		目論見書（上場したての企業の場合）	ウェブ（各社）
		決算短信	
		決算説明会資料	
	未上場	帝国データバンク『帝国データバンク会社年鑑』	書籍
		東京商工リサーチ『東商信用録』	
		帝国データバンク『COSMOS1』	データベース（日経テレコン、G-Search、@niftyビジネス）
		東京商工リサーチ『tsr-van2』	
直近の取り組み・特徴	双方	日経テレコン	データベース
		各新聞記事、雑誌記事	書籍・データベース
	上場	証券会社・調査会社等発行のアナリストレポート	データベース（各証券会社、データサービス会社等）

　財務データを入手するには、上場企業であれば決算短信や有価証券報告書を入手するのが出発点です。有価証券報告書は、EDINET（Electronic Disclosure for Investors' NETwork）という企業の財務情報のデータベースを活用するといいでしょう。決算短信は最も早く公表されるものですので、より直近の財務データを取ることができますが、速報性を重視したものですの

で、有価証券報告書の方がより詳細な情報を得ることができます。情報開示が進んでいる事業会社の場合には、アナリスト向けの決算説明会資料に業界動向も含めて載っていますので、参考にするといいでしょう。また、Yahoo!ファイナンスでは、株価を入手することが可能です。上場したての企業の場合には、目論見書を読みましょう。目論見書は、上場時に作成するもので、大抵は企業のウェブサイトに載せていることが多いですが、事業内容や財務内容について、詳細に書かれています。

　直近の取り組みや特徴を調べるには、日経テレコンや各社の新聞記事、雑誌記事、そして証券会社や調査会社発行のアナリストレポートが有用です。アナリストレポートは上場企業で株式アナリストがカバーしている企業に限定されますが、より直近の動向について記述しています。また、業界の主要プレイヤーであれば、日経テレコンや各社の新聞記事、雑誌記事に取り上げられていることがありますので、記事検索にかけてみるといいでしょう。

2　未上場企業の企業情報の入手

　未上場企業の場合、企業の財務情報などは上場企業より入手しづらくなっています。SGホールディングス（佐川急便）やヤンマーなどのように、大手企業の場合には決算情報を自社のウェブサイトで詳細に開示している場合もありますが、任意開示の範疇になるため、例としては少ないでしょう。そこでまず、2つのアプローチで企業情報が入手できるか確認しましょう。

　①信用調査会社（帝国データバンク、東京商工リサーチ）の企業情報
　②東洋経済新報社の『会社四季報　未上場会社版』

　帝国データバンクや東京商工リサーチといった信用調査会社では、調査員が各企業へ直接取材し、財務情報や取引先、役員、株主などの企業情報を調査し、取りまとめています。企業単位で企業情報を販売しており、調査報告書を購入することになりますが、帝国データバンクでは『COSMOS1』、東京商工リサーチでは『tsr-van2』というデータサービスを提供しています。日経テレ

コンかG-Searchを契約している場合には、これらのデータベースから企業情報を入手することも可能です。帝国データバンクと東京商工リサーチの2社は、企業の信用調査でよく使われていますので、未上場企業の企業情報をいち早く入手するには最適でしょう。概要的な企業情報を入手する際には、東洋経済新報社の『会社四季報　未上場会社版』も参考になります。半年に一度ですが、上場企業の『会社四季報』と同様に企業毎にサマリー情報を掲載しています。雑誌ですから、調べようとしている未上場企業が載っていないか確認してみるといいでしょう。また、前述の信用調査会社2社も、帝国データバンクでは『帝国データバンク会社年鑑』、東京商工リサーチでは『東商信用録』という書籍を年1回発行していますので、未上場企業の情報を紙で見たい場合には役立つでしょう。

3　主要各社の違いの見出し方

　ここでは、競争環境（企業情報）の調べ方について学びましょう。業界の主要各社の戦略は、主に競争環境の分類でみてみると、違いが生じていることが多いです。競争環境の分類のアプローチとしてはさまざまですが、第2章で触れた内容を再掲すると、以下3点になります。

　　1）用途別
　　2）地域別
　　3）製品・サービス別

　これらそのものの説明は省略しますが、主要各社の戦略（取り組み）を比較すると、3つの分類で違いがあることが多いです。
　分かりやすい違いの典型例としては、グローバル展開をしている業界では、日本企業は日本では市場シェアが高いですが、欧米地域では市場シェアが低く、欧米企業の方が高い、といったものです。これは、所属している国では早くから事業展開しているため、外資系企業よりも市場シェアが高くなりやすい、という地理的優位性を考えれば浮かびやすい違いでしょう。
　さて、調べてみて即座にこれら3つの区分で違いが見出せればいいのですが、

残念ながら区分を抽出した段階では、すぐに違いは分からないことが多いでしょう。そこで、以下のことを行いましょう。

1）調べようとしている業界の主要企業のIR資料を集める
　例）直近の決算短信、有価証券報告書、決算説明会資料など
2）調べようとしている業界の主要企業の業績データを集める
　例）売上高、営業利益、用途別売上高、地域別売上高、製品・サービス別売上高など

　理想的には、主要各社の財務データ全てが取れればいいのですが、時間的余裕がない場合には最低限、1）の資料と、2）のデータをそろえましょう。2）のデータは、1）の資料に大抵載っています。

4　財務データによる違いの見出し方

① 最低限押さえておきたい項目

　競合企業のデータと併せて財務データを入手し、財務分析をすれば、3以外の特徴を見出す可能性があります。その際に最低限、注意してみていただきたいのは、次の項目です。

1）業界の市場成長率
2）売上高成長率
3）営業利益率
4）営業利益成長率
5）自己資本利益率（ROE）
6）負債比率

　まず、押さえておきたいのは、業界そのものの市場成長率です。国の経済統計や業界団体の統計などから市場規模が把握できる業界であれば、年ごとの市場規模の増減率（成長率）を押さえることも可能でしょう。このデータが取れていれば、調べる企業の売上高の増減率（成長率）と比較して状況の

違いを確認することが可能です。業界の市場が後退していれば、調査対象企業の売上高も落ちている確率が上がります。逆に調査対象企業の売上高が増えていれば、市場環境とは異なる動きをしていることになります。毎年の推移が取れる業界であれば、5年間のデータは欲しいところです。

　次に、売上高成長率、営業利益率、営業利益成長率の3点の5年分のデータをそろえましょう。業界の市場規模の推移と、競合企業のデータと併せて入手すれば、経年比較ができます。主要各社の中で営業利益率に極端な差があれば、事業構造に何らかの違いがあることが考えられます。これら3つのデータが取れるだけでも各社の違いが浮き彫りになります。加えて、自己資本利益率（ROE）、負債比率が取れれば、さらに違いが浮き彫りになるでしょう。

② 財務分析の例

　それでは、業界の市場規模と主要各社の財務データが入手可能な業界を例にみてみましょう。ここでは、フォークリフト業界の主要プレイヤーである豊田自動織機とニチユ三菱フォークリフトを取り上げます。フォークリフト業界では、豊田自動織機が国内首位、ニチユ三菱フォークリフトは国内2位です。次ページの図表3-7のとおり、豊田自動織機のフォークリフトを扱う産業車両事業と、ニチユ三菱フォークリフトの業績を比較すると、豊田自動織機の方がニチユ三菱フォークリフトより営業利益率が高いことが分かります。考えられる理由はいろいろとありますが、主に1）生産規模が大きいことによるボリューム効果、2）製品の内製化率が高いことによる高収益性の確保、などが考えられます。2社の取り組みを調べてみると、豊田自動織機は海外の事業会社を買収していますが、ほぼ豊田自動織機のみの事業です。一方、ニチユ三菱フォークリフトは、ニチユと三菱重工業のフォークリフト部門が合併したことで、事業再編の過渡期にあります。このような事業構造の違いが収益性の違いを生み出しているのだと考えられます。このように、必ずしも正解がどこかに書いてあるわけではありませんが、収益性の違いから記事情報などの企業情報を深掘りすることで、事業構造や戦略の違いが見えてきます。

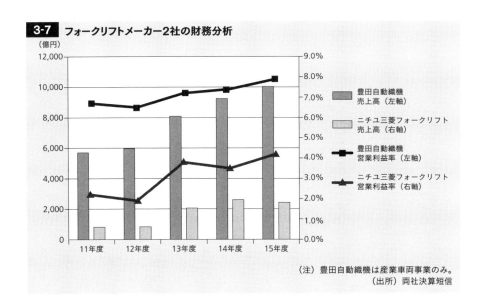

5 数字では見落としがちな内容の確認

　オーソドックスな調べ方は[1]〜[4]の通りですが、データを集めても、データからは分からない違いが存在する場合があります。例えば、製品・サービスの違いで競争環境が異なっている場合です。工作機械業界を例にみてみましょう。

　工作機械業界は、旋盤とマシニングセンタという2つの機械が主要製品です。旋盤の主要プレイヤーは、ヤマザキマザック、DMG森精機、オークマ、シチズンマシナリーミヤノ、ツガミ、スター精密の6社になります。それではこれら6社が競合しているかというと、製品の大きさで競合の度合いが異なります。中大型機はヤマザキマザック、DMG森精機、オークマ、小型機はシチズンマシナリーミヤノ、ツガミ、スター精密と、扱う製品の大きさが2つのグループに分かれるため、中大型機のプレイヤー同士、小型機のプレイヤー同士では競合しているのですが、中大型機と小型機のプレイヤー同士では直接の競合関係にはありません。この事実を知らないと、市場シェアの情報を集めた時点で、6社全てが競合関係にあると勘違いしてしまうでしょう。そこで、市場シェアを入手し、業界の分類を考えた段階で、改めて以下の確認を行いましょう。

１）集めた新聞記事情報を再確認する
　２）主要各社のウェブサイトを再確認する

　新聞記事では、主要プレイヤーの製品・サービスの特徴について触れられていることが多いため、違いに気付く可能性が上がります。例えばツガミであれば、「小型工作機械大手」と紹介されていることが多いので、小型機メーカーであることが分かります。このように、キーワードを見つけ出すことで、数字には見えない特徴を把握することが重要になります。

第4章

補足情報を入手し、検証しよう

Supplement

1. 取材活動で裏付けを取ろう

1 有識者へ取材する

　この章では、これまで集めた情報を補足・検証するなど、これまで触れていない調べ方について学んでいきます。これまで学んできたリサーチは、基本的に公開情報をリサーチするものです。しかしながら、公開情報で得られる情報にはどうしても限界があります。そこで、補足・検証する作業を行うことで、集めた情報に関する確度を上げる作業が必要になってきます。その有効な手段が、取材活動です。

　本来、取材活動なしでビジネスリサーチを行うのが必要最小限の労力であり理想的ですが、リサーチした内容の確度を高めるには、取材活動は有効な手段です。初期段階に取材すれば、あらかじめリサーチ分野の全体像を把握することも可能でしょう。

　情報収集の初期段階で行う取材活動は、有識者への取材です。有識者とは、専門分野を有する大学教授やコンサルタント、調査会社のリサーチャーなどです。調査の初期段階では、業界の見方そのものがまだ分からない状況にあるため、あらかじめ質問項目を準備した上で有識者の見解を聞くのがいいでしょう。リサーチ分野の全体像をつかむことが目的になりますので、業界構造や主要プレイヤー、市場シェア、最近のトレンドなど、業界のサマリー情報を聞くといいでしょう。有識者への取材は、アウトプットを出す際に説得力を増す材料にもなります。

　例えば、コンサルタントがリサーチ報告書をまとめるにあたり、コンサルタント自身の業界に関する見解を述べることはもちろん可能ですが、「〇〇によると〜」など、業界の専門家の見方を付加した方がより説得力が増すことでし

ょう。また、初期に新聞記事を集めた段階では、新聞記事の内容の真偽の見極めが付きにくいと思います。そういった記事情報の真偽を有識者に質問してみるのもいいでしょう。

　有識者への取材をよく行っている例は、マスコミです。ある事態が起きた際に有識者を取材して報道することがよくあるかと思いますが、さまざまな分野を日々扱うマスコミには、全てを最初から自分でリサーチするだけの時間的ゆとりは与えられていません。そこで、有識者への取材を行い、有識者の見解を伝えることで、ニュースの見方を伝えているのです。

　有識者への取材の効果
　1）初期段階で業界の全体像をつかむ
　2）アウトプットを出す際の説得力を増す材料

　有識者への取材で確認しておきたいポイント
　1）業界構造
　2）主要プレイヤー
　3）市場シェア
　4）最近のトレンド
　5）報道情報の真偽

2　業界団体へ取材する

　有識者への取材と同様に、調査の初期段階で役立つのが、業界団体への問い合わせです。業界団体の多くは、加入会員の業界統計を作成しています。業界団体のウェブサイトに情報が掲載されていなくても、印刷物で業界データの作成・開示を行っている場合もあります。例えば、統計年報を発刊したり、会員向けの会報に統計データを掲載する方法を採っていたりすることがあります。このため、どういった業界統計を作成しているのかなどを問い合わせするといいでしょう。
　また、日本の業界団体では国外の業界情報を得られないかというと、必ずし

もそうではありません。市場がグローバル化している業界の場合には、日本の業界団体が世界各国の業界団体と提携して、世界の市場規模の取りまとめを行っている場合があります。例えば、自動車、産業用ロボット、フォークリフト、半導体、半導体製造装置などは世界市場の統計データも各国と連携して作成しています。他にも工作機械や農業機械などのように、業界団体のウェブサイトではデータは載っていなくても、業界団体発行の統計年報では掲載している場合もあります。

3 事業会社へ取材する

さらに有効なのは、事業会社への取材です。取材先は事業会社の広報・IR担当が窓口になりますが、事業会社の事業内容について、基本情報を問い合わせしてみましょう。会社によっては、業界団体より詳細な業界情報を有している場合があります。

例えば、建設機械業界の場合、市場のグローバル化が進んでいるため、業界団体の業界統計よりも、事業会社の決算IR資料の方が、世界市場の地域別データを開示していて充実しています。コマツや日立建機の決算IR資料には、建設機械の市場動向に関する情報が毎四半期更新して掲載されています。また、建設用クレーンであれば、タダノの決算IR資料を参照する方が世界需要を網羅しています。業界団体の業界統計は国内市場（輸出含む）に限定された統計情報ですので、世界市場をメインに調べるか、国内市場をメインに調べるかなど、目的に応じて使い分けましょう。

2. 取材時の心得

1 事前準備

　ここでは、事業会社に取材する機会を得た際に気を付けたいことに触れたいと思います。事業会社へ取材する場合には、より具体的な情報を入手できる可能性が高いため、初期調査的な内容ではなく、時間の許す限り、事前に既述の4Sを調べた上で臨みましょう。なお、上場企業の場合、決算短信や決算説明会資料、有価証券報告書は会社側のウェブサイトで調べることになりますが、未上場企業の場合、入手できる情報が限られます。決算書や税務申告書が取り寄せできる取材の場合には、最低でも5期分は事業会社から取り寄せましょう。

　　1）構造（Structure）…業界構造を調査報告書等で調べる
　　2）統計（Statistics）…業界統計の有無を確認する
　　3）シェア（Share）…市場シェアを調査報告書等で調べる
　　4）戦略（Strategy）…事業会社のウェブサイト等で企業情報を調べ、決算短信等の財務データを入手して財務分析する

2 質問項目シートを作る

　取材する際に大事なことは、質問項目を洗い出して整理し、具体的に落とし込んでから臨むことです。その場で行き当たりばったりの質問をしてしまうと、肝心なことを聞き忘れた、という事態が起こりかねません。そこで、取材する際には、必ず事前リサーチをした上で質問項目シートを作成し、質問項目をまとめましょう。そして、取材で質問の回答が網羅されたか、取材時に必ず確認しましょう。

3　仮説を持って臨む

　事前リサーチをし、質問項目シートを作成する過程で重要なのは、業界構造や企業情報に関する仮説を持って臨むことです。仮説を抱いた上で取材に臨めば、取材時に認識が間違っていれば、軌道修正することで考察が進みます。しかし、仮説なしで取材に臨んでしまうと、取材が終わってからリサーチのゴールについて考えることになり、時間がかかってしまいます。リサーチのゴールへ早く到達するには、あらかじめ仮説を考えて、認識にずれがないかを取材時にぶつけることが重要です。

　具体的には、会社の強み、主な用途先、参入障壁、成長ストーリー、技術・サービスの方向性、のそれぞれが何なのか、などをイメージした上で臨みましょう。

　仮説を持つ項目の例
　1）会社の強み（競争優位の源泉）は何か
　2）どんな業界を主な用途先にしているのか（業界構造）
　3）参入障壁は何か（業界構造）
　4）この会社の成長ストーリーは何か（事業成長の方向性）
　5）技術・サービスの今後の方向性は何か

4　取材の主導権を握る

　取材時に大事なことは、取材の場の主導権を握ることです。前もって質問項目を準備し、仮説が正しいのか質問をぶつけて確認する作業があることを考えると、取材時間は意外と短く感じることでしょう。取材対応に慣れている人物が対応してくれればいいのですが、大手企業で頻繁に取材対応している相手でもない限りは、取材相手まかせでは取材ニーズを十分に満たすことは期待できません。大抵の人は取材されることに慣れていないと考えましょう。得たい情報と話がずれ過ぎた場合には、話を戻すように促しましょう。

5 大枠から細部へと話を移す

　取材の進め方として、大枠の話から細部の話へと徐々に話題を移していくことが大切です。いきなり細部の話から入ると、話し手も取材側の意図が分からず混乱します。川の流れのように、細部の質問は後半で聞くようにしましょう。
　例えば、市場シェアを聞き出すにしても、事業会社からみて、どんな主要プレイヤーが競合にいるのかを聞いてからシェアを聞いた方がいいかもしれません。同じ製品・サービスを扱う会社でも、ニッチな特定分野、例えば小型機の中で極端に市場シェアの高い会社かもしれません。最初に低い市場シェアの数字を聞いてしまうと、そのイメージが取材時に付いてしまい、後の話が消極的になってしまう、といった事態が起きかねません。

6 疑問点は取材の場で解決する

　取材でのタブーは、疑問点を抱えたまま放置しておくことです。取材は貴重な情報収集の時間です。たとえ業界の人であれば常識的なことでも、調べる側からすれば不明なことも多々あります。怖じけづかずに遠慮なく質問しましょう。ただし、事前リサーチで調べられることを質問したのでは貴重な時間がもったいないですし、取材を受ける側も「事前に勉強していないのか？」と疑問に思うでしょう。事前に調べた上で、どうしても分からない場合は遠慮なく質問するのがいいでしょう。

3. 取材メモの取り方

1 エクセルでメモを取ろう

　ここでは、取材する際のメモの取り方について触れます。取材する際のメモの取り方は人それぞれです。絶対こうしなければならない、という決まりはありません。取材メモの取り方としては、ワードを使われている方が多いかと思います。この方法も当然、まとめる際にはきれいにまとめられるわけですが、発言者が多かったり、項目が多岐にわたったりする場合には、まとめの際に編集作業が発生してしまい、一苦労します。筆者はそれが嫌で、エクセルを使ってメモを取るようにしています。

　「なぜ、エクセルで？」と思う方も多いかと思います。エクセルはセルの数がたくさんあります。このセルを駆使して、発言者と項目、話した内容を区分けしてマトリックス状にしてメモを取ります。
　次ページの図表4-1を見てみましょう。まず、最初の列には発言者の所属・名前を記載します。その一つ右の列には、話した内容のタイトルについて書きます。そしてさらに右の列には、具体的に話した内容を書きます。メモの取り方としては、時間順に上から書きます。
　同じ発言者でも、話が長くなってきたり、違う項目の話が始まったりしたら、行を下に変えて書きます。発言者が変わったら、さらに下の行に移って書き始めます。これを続けると、人とタイトルの異なるグループがたくさんできていきます。
　メモを取る際には、一字一句を正確に書き取ることは難しいと思います。誤字もあり得るでしょう。そこは自分が分かればいいでしょう。
　メモを取り終わったら、今度は同じ発言者のグループと、タイトルが近いグ

ループをまとめます。メモを取った段階で行ごとに違うグループでまとまっていますので、これをコピー・アンド・ペーストすることで、グループを組み替えます。そして、言葉足らずの表現や誤字をチェックし、訂正します。これで取材メモのでき上がりです。

　なお、自分対先方のみでの取材形式の場合、発言者の主体が2者のみになりますから、発言者の列を省略して書くのもいいでしょう。

4-1　エクセルでの取材メモの取り方の例（その1）

発言者	タイトル	内容
	決算概要説明	
A製作所B社長	15年12月期決算実績について	15年12月期決算は中国の売上減影響が響き減益。
	16年12月期見通しについて	16年12月期決算は国内の売上増で増益見通し。
	質疑応答	
C銀行D氏	15年12月期の減益要因について	中国向けの売上高はどれくらい落ち込んだのか？
	16年12月期見通しについて	自動車業界の販売台数見通しの前提はどう見ているのか？
A製作所B社長	15年12月期の減益要因について	アジア向けの内数だが、中国のみの売上高は前期比50％減。
E証券F氏	16年12月期見通しについて	上期と下期では自動車業界の販売台数見通しは異なるのか？
A製作所B社長	16年12月期見通しについて	上期は減少するとみているが、下期はプラスに転じるとみている。

2 取材項目があらかじめ固まっている場合

　取材項目があらかじめ固まっている場合には、項目ごとに回答内容を埋めていく方式が効率的です。通常の取材では、この形が多いでしょう。確認項目の列とその詳細を書く列とに分けて書き込みましょう。項目出しをした上で、取材時に聞き漏らしがないかどうかの確認がその場でできます。

4-2 エクセルでの取材メモの取り方の例（その2）

確認項目	内容
15年12月期の減益要因について	15年12月期決算は中国の売上減影響が響き減益。
	アジア向けの内数だが、中国のみの売上高は前期比50％減。
16年12月期見通しについて	16年12月期決算は国内の売上増で増益見通し。
	上期は減少するとみているが、下期はプラスに転じるとみている。

3 テープ起こしは確実性を上げる手段

　取材の状況によりますが、録音が認められる取材の場合もあるかと思います。録音をテープ起こしすることは、知見がない人ほど、非常に有効な手段です。とりわけ日々、全く異なる分野の取材を行う立場の方ほど有効です。知見のない分野を初めて取材する、あるいは会議などに参加する場合、専門用語が理解できないことが往々にしてあります。同じ分野の知見をあらかじめ持っている人であれば常識的な用語でも、初めての人にとっては、専門用語を正しく聞き取ること自体が困難でしょう。しかし、テープ起こしでメモ取りをしていけば、難解な専門用語でもだんだん聞き取れるようになるでしょう。英語のリスニングと同じ要領です。同じ単語を繰り返し聞けば、徐々に聞き取れるようになり

ます。

　同じ分野で繰り返し取材する場合には、テープ起こしで専門用語を多く理解できるようになっておけば、取材を重ねるごとに理解の度合いが上がる効果が期待できるでしょう。逆に、知見があまりない分野で取材した場合、メモ取りやテープ起こしなしでの取材は事実関係を誤認するリスクが発生します。誤認によるリサーチのミスリードを防ぐ上でも、テープ起こしは有効な手段です。

4. 消費者インタビュー（定性調査）

1 消費者インタビューは仮説構築のためのヒント

　これまで触れた内容とは趣が異なる取材として、消費者インタビューがあります。こちらは、商品のプロモーションなどのマーケティング関連の施策を検討する上で、消費者のニーズや現状認識を抽出するために行うものです。

　消費者インタビューは、インタビューする側とされる側が1対1で行うデプスインタビューと、複数の消費者が同じ場に会してインタビューを行うグループインタビューの2種類あります。これらはリサーチの初期段階で商品企画のための仮説を構築するために行うのが通常です。そのメリットは、インタビューを通してインタビュー対象者の潜在意識を抽出できる点です。このため、調査対象者の選定が重要になってきます。対象者の年齢・性別や既婚・未婚の別、学歴など、調査目的に必要な属性を洗い出して対象者を絞り込みましょう。人数は目的によって異なりますが、グループインタビューの場合、6～8人程度が理想です。多すぎると調整が難しくなり、少なすぎると意見が分かれにくくなります。デプスインタビューは、人前では話しにくい話題や、個人の本音・深層心理を引き出すのに有効です。

2 インタビューのシナリオを準備する

　調査対象者を選定したら、インタビューのシナリオを準備しましょう。先ほどの事業会社への取材と同じように質問項目を準備するわけですが、調査対象者に調査趣旨を説明し、時間配分を説明した後、自己紹介の時間を設けましょう。質問は簡単な内容から入り、後半に複雑な質問をしていく、といった流れでシナリオを組み立てましょう。本題は質問項目の結果の抽出ですので、自己

紹介などの前半に時間を割きすぎないように気を付けましょう。

3 インタビューは2回以上実施する

　事業会社への取材とは異なり、グループインタビューは少なくとも2回以上実施することが理想です。1回のみでは、意見に偏りが生じる可能性があるためです。予算の兼ね合いもありますが、できるだけ調査結果の偏りを避けましょう。調査結果を基に仮説を構築しましょう。

5. ネット調査(定量調査)

1　ネット調査は数字的な裏付けの入手に最適

　前述の消費者インタビューは、定性的な情報の収集になります。これに対して、ネット調査は定量的な情報の収集になります。定量調査は、客観的なデータを得るために行うものであり、ネット調査は比較的短期間・低コストで情報が得られることから有効な調査方法です。前述の消費者インタビューは仮説を構築することが目的でした。これに対してネット調査は、仮説を確認するために行うことが目的です。従って、仮説を確認できるような調査内容に設計することが必要になってきます。

2　設計書を準備する

　仮説に基づいて調査設計書を作り、そして調査対象者を決めます。母集団(アンケートの対象セグメント)をどこにするか、サンプル数をどの程度の規模にするかを決め、それに応じて設問数を設定します。

6. フィールド調査

1　フィールド調査は認識のずれ解消が目的

　フィールド調査は、調査対象に関する場所を訪問し、現地を観察する調査です。フィールドワークとも呼ばれます。公開情報による調査では実物を見ていないため、おのずと限界があります。「百聞は一見に如かず」と言いますが、現場を訪れることで認識のずれを修正し、分析結果を補強するのがフィールド調査の目的です。フィールド調査は、生産設備、店舗、営業拠点、物流施設など、さまざまな場所が対象になります。

2　できるだけ記録を取る

　フィールド調査を実施する際に重要なのは、できるだけ記録を取ることです。生産現場を確認する場合には、製造ラインの主な流れ、店舗を確認する場合には、商品の陳列状況などです。理想は写真を撮ってより鮮明に記録することですが、製造現場の場合は許可がおりないことも往々にしてあります。従って、取材先に確認した上でできるだけ詳細に記録するようにしましょう。製造業の場合、実際の製品の製造工程を見るだけでもだいぶ分かることがあります。
　例えば、製造物が大きいと分かれば、リードタイムが長いものだとのイメージが付きます。また、生産ラインを見れば、大量生産の製品なのか、少ロット生産のものなのかの見分けも付くでしょう。さらに、工場の人員の動きを見れば、繁忙状態にあるのか、仕事量が減っている状況にあるのかが分かるでしょう。人の動きで直近の稼働状況を把握できるのは大きいでしょう。

3　できるだけ現場の声を聞く

　フィールド調査の場合には、できるだけ現場の声を聞くことが重要です。大企業の場合、本社の管理部門が対応するケースがあるかもしれません。しかし、現場のことは現場の人間でないと分からないことが多々あるものです。工場を視察する場合は工場長、店舗を視察する場合には店舗責任者など、できるだけ現場の人の声を聞ける状況を確保しましょう。

7. 人物情報の調べ方

1　官公庁は情報開示度が高い

　人物に関する情報は、企業情報よりも調べにくいです。それは、企業情報に比べ、個人情報の領域に入るため、ウェブでは情報が出ていないことも往々にしてあるからです。しかしながら、官公庁職員や議員については国では毎年、省庁別に職員録が書籍で出ており、情報開示度が高いです。これは、公職だからにほかなりません。従って、特定の人物の経歴等を調べるには職員録を見れば、国レベルであれば幹部クラスはつかめるでしょう。国会議員の場合は『国会便覧®』（シュハリ・イニシアティブ）を調べれば、プロフィールが載っています。

4-3 官公庁の人物情報

資料・サービス	出所	内容	提供媒体
『職員録』	国立印刷局	立法、行政、司法の機関、独立行政法人、国立大学法人、特殊法人等、都道府県・市町村等の事項（役職・氏名）を収録	書籍
『国会便覧®』	シュハリ・イニシアティブ	国会議員のプロフィール、政党役員・都道府県議員・知事・官庁の所在地・電話番号・職員抄録を収録	書籍
『政官要覧』	政官要覧社	統治機構の組織と人事	書籍
『財務省職員録』	大蔵財務協会	財務本省、施設等機関、特別の機関、財務局・財務事務所、税関・支署、国税庁、税務大学校、国税不服審判所、国税局・税務署等の役付職員を収録	書籍
『国土交通省職員録』	建設広報協議会	国土交通省本省、施設等機関、特別の機関、地方支分局等、独立行政法人、沖縄総合事務局の役付職員を収録	書籍
『経済産業ハンドブック』	商工会館	経済産業省職員録・主要団体名簿	書籍
『労働行政関係職員録』	労働新聞社	厚生労働省・都道府県労働局・その他関係団体等の労働行政関係団体の所在地、電話番号、職員の肩書き、名前を掲載	書籍
『〇〇省（庁）名鑑』	時評社	財務省、国土交通省、厚生労働省、文部科学省、経済産業省、総務省、環境省、復興庁の省庁ごとに霞が関幹部職員の経歴を掲載	書籍

2 民間企業は上場の有無で情報開示が異なる

　民間企業の場合、上場の有無で情報開示が異なります。上場企業の場合、有価証券報告書やプレスリリースで役員の経歴は各社ごとに確認できます。従って、各社のウェブサイトやEDINETにアクセスすれば、調べることは可能です。また、『役員四季報』（東洋経済新報社）には、上場企業の役員の経歴が載っていますので、事典として調べることが可能です。

　また、業界によっては、会社の代表者の情報が載っている場合もあります。例えば法律事務所の場合、『全国法律事務所ガイド』（商事法務）で弁護士の経歴が調べられます。また、芸能界であれば、『日本タレント名鑑』（VIPタイム

ズ社）にタレントやアーティストの経歴が載っています。

4-4 民間企業の人物情報

資料・サービス	出所	内容	提供媒体
有価証券報告書	各社	役員の経歴	PDFファイル
プレスリリース	各社	役員の経歴	PDFファイル
『役員四季報』	東洋経済新報社	上場企業の役員の経歴	雑誌
『全国法律事務所ガイド』	商事法務	全国の法律事務所の各種最新情報を収録	書籍
『日本タレント名鑑』	VIPタイムズ社	約1万1千名(組)のタレント・モデルの顔写真／プロダクション約2,500軒の連絡先を網羅（男女、子供、アーティスト、グループ、モデル）	書籍

3 データベースへのアクセスが手っ取り早い

　有料サービスを活用できるようであれば、データベースにアクセスするのが最も手っ取り早いです。特に未上場企業の場合はデータベースから調べましょう。DIAMOND D-VISION NET（ダイヤモンド社）、東京商工リサーチ経営者情報（東京商工リサーチ）、日経WHO'S WHO（日本経済新聞社）の3つがビジネス上は有力媒体で、この他にも朝日新聞人物データベース（朝日新聞社）、読売人物データベース（読売新聞社）、日外アソシエーツ現代人物情報（日外アソシエーツ）などがありますが、日経テレコンかG-Searchのいずれかを活用すれば、だいたい網羅されますので、日経テレコンかG-Searchのいずれかをまずは活用しましょう。

4-5 人物情報のオンラインデータベース

資料・サービス	出所	内容	提供媒体
DIAMOND D-VISION NET	ダイヤモンド社	有力企業1万6千社、20万事業所、役員管理職25万人の経歴	DIAMOND D-VISION NET、日経テレコン、G-Search、@niftyビジネスなどのデータベース
東京商工リサーチ経営者情報	東京商工リサーチ	東京商工リサーチが保有する全国約142万社の企業経営者（代表者）の履歴や連絡先等の情報	日経テレコン、G-Search、@niftyビジネスなどのデータベース
日経WHO'S WHO	日本経済新聞社	上場および有力未上場企業約2万社の役員、執行役員、部長、次課長約28万件と、中央官庁、政府関係機関、審議会、経済・業界団体、都道府県・市の幹部職員、国会議員、県議会議員約2万件のデータを収容	日経テレコン、G-Searchなどのデータベース
朝日新聞人物データベース	朝日新聞社	朝日新聞社が収集した各界で活躍する人物のデータベースです。学者を中心に政治、行政・司法関係者、経済人、評論家、文学芸術、スポーツ関係者など、幅広く収録	日経テレコン、G-Search、@niftyビジネスなどのデータベース
読売人物データベース	読売新聞社	読売新聞社の保有する各界の第一線で活躍している代表的な人物の情報。国会議員、知事・市町村長、人文・社会科学、映画・演劇・芸能、スポーツ、外国人などを収録	日経テレコン、G-Search、@niftyビジネスなどのデータベース
日外アソシエーツ現代人物情報	日外アソシエーツ	人物調査の定番ツールとして、日本人・外国人を問わず、政治、経済、科学、文化・芸術、芸能、スポーツと幅広い分野の人物を網羅	G-Search、@niftyビジネスなどのデータベース

8. 行政情報の取得方法

1　行政の情報入手は煩雑

　ここでは、経済統計や人物情報以外の行政情報の取り方について触れたいと思います。行政機関の情報をタイムリーに得ることは非常に難しくなっています。とりわけ、リサーチの世界では、事業者の許認可や補助金・委託費の申請を調べることが多いと思います。情報の入手が困難な理由は次の通りです。

　1）行政機関が多岐にわたり、一元的な窓口がない
　2）補助金・委託費の公募期間は2週間であることが多く、情報の掲載期間が短い

　国の本省、国の出先機関、都道府県、市区町村と、窓口が非常に多いため、この分野は調べるだけでも煩雑です。しかしながら最近、行政でも情報を一元管理しようとする取り組みが出てきました。それが『ミラサポ』と呼ばれる専用サイト（https://www.mirasapo.jp/index.html）です。このサイトは経済産業省中小企業庁の委託事業の一環で作られたサイトですが、国や地方自治体の補助金・委託費の公募情報が網羅的に掲載されているのが大きな魅力でしょう。全ての地方自治体が網羅されているわけではないようですが、今後の展開に期待したいところです。

2　補助金・委託費の公募情報の入手方法

　補助金や委託費など、事業者に交付される制度の情報は、担当部署ごとに扱っているため、前述のミラサポを除けば原則、個別に情報をまめにチェックす

るしかありません。このため未上場企業、特に中小企業に関係する国の主要機関を挙げたいと思います。

4-6 国の主な事業者関連の公募情報サイト

厚生労働省	http://www.mhlw.go.jp/stf/seisakunitsuite/bunya/koyou_roudou/koyou/kyufukin/
経済産業省	http://www.meti.go.jp/information/publicoffer/kobo.html
経済産業省中小企業庁	http://www.chusho.meti.go.jp/koukai/koubo/index.html
中小企業基盤整備機構	http://www.smrj.go.jp/utility/offer/index.html
新エネルギー・産業技術総合開発機構	http://www.nedo.go.jp/koubo/index.html
北海道経済産業局	http://www.hkd.meti.go.jp/information/koubo/index.htm
東北経済産業局	http://www.tohoku.meti.go.jp/koho/koshin/kobo/kobo_info.html
関東経済産業局	http://www.kanto.meti.go.jp/chotatsu/hojyokin/index.html
近畿経済産業局	http://www.kansai.meti.go.jp/koubo.html
中部経済産業局	http://www.chubu.meti.go.jp/nyuusatsu_kobo/kobo.html
中国経済産業局	http://www.chugoku.meti.go.jp/koubo/hojokinkobo.html
九州経済産業局	http://www.kyushu.meti.go.jp/support/index.html
沖縄総合事務局経済産業部	http://ogb.go.jp/keisan/3842/index.html

　中小企業関連の補助金・委託費などの公募情報の窓口で最も多いのは経済産業省です。しかし、経済産業省だけでも中小企業庁や地方経済産業局（地方ブロック毎にある出先機関）と窓口が分かれています。事業者の主たる事業所の所在地に応じて窓口が異なりますので、基本的には所在地の地方経済産業局が窓口になりやすいことを覚えておきましょう。

厚生労働省では、雇用関係の助成金があります。また、経済産業省以外にも、中小企業基盤整備機構や新エネルギー・産業技術総合開発機構（NEDO）といった独立行政法人や国立研究開発法人も独自の公募情報があります。情報入手は非常に大変ですが、中小企業庁では毎年、『中小企業施策利用ハンドブック』という無料冊子を配布しています。中小企業庁のウェブサイト（http://www.chusho.meti.go.jp/pamflet/index.html）でも無料でダウンロードできますので、『中小企業施策利用ハンドブック』を手がかりに探すのがいいでしょう。

　また、より詳細な情報は、『中小企業施策総覧』という冊子が毎年発行されています。中小企業庁ウェブサイトでファイルはダウンロード可能ですが、冊子は有料です。『中小企業施策利用ハンドブック』より詳細に情報が載っているため、参照してみましょう。
　なお、都道府県や市区町村レベルの制度の場合、それぞれ商工担当課の窓口が担当しています。各部署から情報を取り寄せましょう。公募の場合、情報が掲載されてから2週間しか公募期間がありません。公募が始まってからでは準備が間に合わないことが多いため、毎年、継続的に行われている事業かどうかを確認した上で、前もって準備して臨むのがいいでしょう。

9. 専門会社を活用しよう

1 業界データサービスを受けてみよう

① ユーザベースのSPEEDA

　業界の初期情報について、時間をかけて入手する余裕がない場合には、法人契約になりますが、業界データサービスを活用しましょう。日本での先行例としては、ユーザベースが提供するSPEEDAが挙げられます。国内外の統計データや財務データ、市場シェア情報などを業界ごとに入手することが可能です。また、問い合わせ機能が付いているのも特徴で、入手データを入力してくれるサービスもあります。

② 日本経済新聞社の日経バリューリサーチ

　SPEEDAと同様のサービスを日本経済新聞社も提供しています。それが日経バリューリサーチです。日経バリューリサーチはSPEEDAより後発ですが、日経グループの強みを活かして、日経テレコンの検索機能を月額基本料金無料で使えるのがメリットです。

③ ワンソース・ジャパンのOneSource

　ワンソース・ジャパンのOneSourceは、世界6,200万社の企業情報、215ヶ国197産業のレポート、アナリストレポート20万件という膨大なデータベースを持った企業データ提供サービスです。主な機能としては企業レポート抽出機能や企業財務比較機能、産業レポート抽出機能、記事検索機能などがあり、日本に限らず海外企業のデータも入手可能なため、海外データを活用したい場合には有益でしょう。

④ **S&P Global Market Intelligence のCapital IQ**

　S&P Global Market IntelligenceのCapital IQは、S&P（スタンダード&プアーズ）が提供する企業データ提供サービスです。S&Pは信用格付が強みのため、S&Pの信用格付情報もアクセス可能なのが特色です。また、1,500万件以上のアナリストレポートを有するなど、証券業界向けの情報が充実しています。

　以上の4社が主な提供会社になりますが、日系企業はユーザベースと日本経済新聞社、外資系企業はワンソース、S&Pになります。日本国内では、ベンチャー企業であるユーザベースが先行してこの分野を構築してきましたが、後発である日本経済新聞社がそもそも大手企業であること、外資系企業であるワンソースやS&Pはグローバル展開している企業であることを踏まえると、一長一短がありますので、実際に活用する際にはトライアルでそれぞれの良さを試してみるといいでしょう。

2　業界の市場調査なら国内大手2社

　自らビジネスリサーチするには時間的余裕がない、あるいはより詳細な分析を求める場合には、専門会社を活用しましょう。専門会社といってもたくさんあります。日本マーケティング・リサーチ協会に所属している正会員の会社のみで120社もあります。業界動向についてより詳しく調べる、といった目的の場合には、まずは矢野経済研究所および富士経済がいいでしょう。調査報告書を調べる際と同様で、国内では業界の網羅性が高いことが理由です。両社とも受託調査サービスを扱っています。

　業界調査以外の場合は、調査目的に応じて個別判断していくことになります。依頼時に確認すべき点は、①調査手法、②調査対象業界、の2つの軸でどの分野が得意か、ということです。調査手法としては、定量調査と定性調査の2つがありますが、定量調査であれば、既述のネット調査の他に、訪問調査、郵送調査、電話調査などの手法があります。定性調査であれば、ヒアリング調査、グループインタビューなどがあります。調査目的に応じて調査内容を検討し、

調査会社を選定しましょう。ネット調査では、マクロミルや楽天リサーチなどが大手です。

4-7 調査手法の分類

分類	目的	調査手法例
定量調査	仮説の量的検証	訪問調査、郵送調査、電話調査、ネット調査など
定性調査	仮説の構築	ヒアリング調査、グループインタビューなど

3 信用調査は信用調査会社・探偵（興信所）の領域

　信用調査の場合、前述とは担い手が異なります。企業の信用調査の場合、帝国データバンクと東京商工リサーチの大手2社が主要プレイヤーになります。従って、特に未上場企業の信用調査をする場合には、まずはこれら大手2社が窓口になるでしょう。第7節で触れたような人物情報については、個別に詳細を調べる場合には、探偵（興信所）の領域になります。依頼する際には過去の取り組み実績を確認するのがいいでしょう。

4 行政関連はシンクタンク・士業の領域

　第8節で触れたような行政関連の情報に関しては、ノウハウが全く異なる分野のため、1、2の専門会社とは別になります。例えば、行政機関から受託する委託調査であれば、シンクタンクが専門です。また、補助金や委託費関連のノウハウであれば、税理士や行政書士、中小企業診断士といった専門家の範疇になります。これらの分野は、専門家個人にノウハウが集まりやすい分野のため、依頼する際には過去の取り組み実績を確認するのがいいでしょう。

第5章

リサーチの
ケーススタディ

Study

1. 市場規模のリサーチ

① 業界団体から調べるケース

　この章では、リサーチのケーススタディについて学んでいきます。実際の基本情報の調べ方をみることで、ベーシックな調べ方のイメージをつかみましょう。まずは、業界団体で情報が取れる業界の、市場規模のリサーチのケースからみていきましょう。

ケース1：市場規模のリサーチ（業界団体からのケース）

> 　新人コンサルタントであるA氏は、上司から「工作機械業界の市場規模の推移と業界の市場見通し、主要プレイヤーの情報について調べて報告してほしい」との依頼を受けました。来週、ある工作機械メーカーを訪問することになり、そのための業界に関する基本情報を準備しておきたいとのことでした。なお、A氏は工作機械に関する前知識はなく、A氏が所属する会社では業界情報のデータベースサービスの提供を受けていません。

① 手順1：ネット検索する

　まず、ネット検索をしてみましょう。具体的には、「工作機械　市場規模」のキーワード検索をかけるのがいいでしょう。キーワード検索すると、日本工作機械工業会の工作機械受注統計が出てきます。工業会のウェブサイトには直近数年分の業界受注統計の月次データが載っています。これらのデータを集めれば、市場規模のデータは作れることがわかるでしょう。

② 手順２：『日経業界地図』を確認する

　次に、主要プレイヤーを把握するため、日本経済新聞出版社の『日経業界地図』を調べることにしました。『日経業界地図』をみると、製品別に主要プレイヤーの名前が載っています。また、主要品目では国内市場シェアの情報も載っています。これらの情報から、DMG森精機、ヤマザキマザック、オークマ、牧野フライス製作所などが主要プレイヤーであることが特定できました。

③ 手順３：業界の見通しを確認する

　次に、工作機械業界の見通しを調べることにしました。まず、ネット検索で「工作機械　見通し」のキーワード検索をかけてみましょう。業界団体のある業界の場合、業界団体自らが市場規模の見通しについて予想していることがあります。工作機械業界の場合、日本工作機械工業会が工作機械業界の受注見通しを随時出しています。検索をかけると、日本工作機械工業会が受注見通しについて言及している記事があることがわかります。具体的には、工作機械受注見通しに関する情報が出ており、2016年1月に2016年の工作機械受注の見通しが出ています。従って、その見通しの伸び率の情報を反映することができるでしょう。

④ 報告

　A氏は、日本工作機械工業会の受注データと『日経業界地図』の市場シェアデータを取りまとめ、上司に報告しました。このように、業界団体がある場合、業界団体から得られる情報量が多いため、比較的短時間で基礎的な業界情報を得ることができます。

2 調査報告書から調べるケース

次に、調査報告書から情報が取れる業界の市場規模のリサーチのケースをみていきましょう。

ケース2：市場規模のリサーチ（調査報告書からのケース）

> 新人コンサルタントであるA氏は、上司から「取出ロボット業界の市場規模の推移と業界の市場見通し、主要プレイヤーの情報について調べて報告してほしい」との依頼を受けました。来週、ある取出ロボットメーカーを訪問することになり、そのための業界に関する基本情報を準備しておきたいとのことでした。なお、A氏は取出ロボットに関する前知識はなく、A氏が所属する会社では業界情報のデータベースサービスの提供を受けていません。

① 手順1：ネット検索する

まず、ネット検索をしてみましょう。具体的には、「取出ロボット　市場規模」のキーワード検索をかけるのがいいでしょう。キーワード検索すると、某大手市場調査会社の調査報告書が出てきます。しかし、市場規模などの具体的な情報は出てきません。

② 手順2：調査報告書を確認する

次に、実際に調査報告書を確認しに図書館に行きましょう。ジェトロのビジネスライブラリーや国会図書館には、調査報告書が収められている場合があります。市場調査会社の調査報告書をみると、市場規模（台数、金額）や主要プレイヤーの名前、市場シェアが載っています。この調査報告書から、主要情報が確認できました。上場企業としては、ユーシン精機とセーラー万年筆があることがわかりました。

③ 手順3：業界の見通しを確認する

　次に、取出ロボット業界の見通しを調べることにしました。前述の調査報告書には、市場見通しの数値も掲載されていました。この数値を使って業界の見通しとすることは可能です。しかし、残念ながら入手できた調査報告書は、1年前のものでした。直近の動向を踏まえるにはやや情報が古い難点があります。このため、ユーシン精機のウェブサイトにアクセスし、ユーシン精機の決算短信を入手しました。決算短信には、新年度の会社計画が載っていて、売上高、営業利益、経常利益、純利益の伸び率が載っていました。

　同様にセーラー万年筆のウェブサイトにもアクセスし、セーラー万年筆の決算短信を入手しました。こちらは新年度の会社計画が載っていますが、主要事業が文具事業となっていました。このため、取出ロボットの市場規模の見通しを表す伸び率としては使えないようでした。そこで、ユーシン精機の直近の会社計画の売上高の伸び率を参考値としました。

④ 報告

　A氏は、某大手調査会社の調査報告書に記載の市場規模データと市場シェアデータを取りまとめ、上司に報告しました。このように、該当項目が載っている調査報告書がある場合、基本的にはそのまま活用できますが、より直近の業界動向を必ずしも反映していないため、主要プレイヤーのIR情報を活用することで情報を補足することができます。

　なお、伸び率は、1）調査報告書の情報が古い、2）ユーシン精機の売上高計画の伸び率だと、業界全体の伸び率とは言えない、3）ユーシン精機の売上高計画の伸び率だと、為替水準が大きく変わったり、取出ロボット以外の製品・サービスの売上高が大きく変動したりした場合には、取出ロボットのみのトレンドではなくなる、といった問題点があることは留意した方がいいでしょう。

3 事業会社のIR情報から調べるケース

次に、事業会社のIR情報から情報が取れる業界の市場規模のリサーチのケースをみていきましょう。

ケース3：市場規模のリサーチ（事業会社のIR情報からのケース）

新人コンサルタントであるA氏は、上司から「建設用クレーン業界の市場規模の推移と業界の市場見通し、主要プレイヤーの情報について調べて報告してほしい」との依頼を受けました。来週、ある建設用クレーンメーカーを訪問することになり、そのための業界に関する基本情報を準備しておきたいとのことでした。なお、A氏は建設用クレーンに関する前知識はなく、A氏が所属する会社では業界情報のデータベースサービスの提供を受けていません。

① **手順1：ネット検索する**

まず、ネット検索をしてみましょう。具体的には、「建設用クレーン市場規模」のキーワード検索をかけるのがいいでしょう。キーワード検索すると、タダノの決算説明資料が出てきます。そこで、タダノのコーポレートサイトのIR情報ページへいきます。

② **手順2：事業会社のIR情報を確認する**

タダノのコーポレートサイトのIR情報ページから決算説明資料をチェックしましょう。決算説明資料をみると、世界の建設用クレーンの市場規模の台数、建設用クレーン業界の主要プレイヤーの図が載っています。ここから、台数ベースでの地域別市場規模と主要プレイヤー、タダノの市場シェアが確認できました。なお、日本建設機械工業会のウェブサイトから、建設用クレーンの統計情報を得ることは可能ですが、日本に限られているため、タダノの決算説明資料の方がより広範囲を網羅していると言えるで

しょう。

③ **手順3：業界の見通しを確認する**

次に、建設用クレーン業界の見通しを調べることにしました。前述の決算説明書には、市場規模となる台数実績は掲載されていました。しかし、業界の市場見通しの数値は載っていません。ただし、同社の地域別売上高の計画の数値は載っていました。そこで、地域別の売上高計画の伸び率を参考値としました。また、日本建設機械工業会のウェブサイトをみると、日本国内のみですが、建設用クレーンの市場規模と、新年度の市場の予想台数が載っていました。このため、これらの台数と伸び率を入手しました。

④ **報告**

A氏は、タダノの決算説明資料に記載の市場規模データと同社の市場シェアデータ、主要プレイヤーの情報、さらには日本建設機械工業会の国内台数実績と新年度の台数見通しを取りまとめ、上司に報告しました。このように、該当項目が載っている事業会社の決算説明資料がある場合、基本的にはそのまま活用できます。ただ、事業会社のIR資料の場合、その会社の市場シェア情報は取れることが多いものの、他社のシェア情報までは取れないことが多いため、他社に直接、問い合わせて情報があるか確認するといいでしょう。

4 需要予測の立て方

　業界情報や企業情報を調べることは何とかできたものの、困るのが、市場全体の需要予測や、企業の業績予想など、先行きの予想値の立て方です。というのも、そもそもこうでなければならない、という正解はありません。身も蓋もない話ですが、予想する人の決め打ちの問題だからです。これまでの3つのケースからも、業界団体が予測している場合や、調査会社の調査報告書にある場合などがあったと思います。予想の方法自体はいくつかありますので、例として、それらの方法をご紹介したいと思います。

　① 過去実績の伸び率
　② 市場調査会社の需要予測の伸び率
　③ 業界団体の需要予測の伸び率
　④ 業界の主要プレイヤーの市場前提
　⑤ 業界の主要プレイヤーの業績予想

① 過去実績の伸び率

　　1つ目の方法は、過去実績の伸び率です。市場規模の予想であれば、過去の市場規模の実績の伸び率から、企業業績の伸び率であれば、過去の業績の伸び率から推計する方法です。身近にあるものでできますので、至ってシンプルです。最もシンプルなのは前年の伸び率をそのまま使う方法ですが、それよりは移動平均法を使いましょう。第1章の経済統計の記述で触れた内容です。

　　例えば、過去3年分の伸び率が得られるなら3ヶ年平均、過去12ヶ月分の伸び率が得られるなら12ヶ月平均を取る、といった具合です。事業環境の変化に応じて伸び率も変化しますから、複数の時点の伸び率を平均して使うという方法があります。

② 市場調査会社の需要予測の伸び率

　　2つ目の方法は、市場調査会社の需要予測の伸び率を使う方法です。国内

であれば矢野経済研究所や富士経済があります。主な市場調査会社については、第2章で触れました。市場調査会社の作る市場規模の推計データは、過去実績だけでなく、予想値も出しています。必ずしも毎年推計データが作成されていない分野もありますが、予想の前提としては活用できるでしょう。

　ただし、問題点としては、将来予測の部分は、直近の業界動向が必ずしも反映されていない場合がありますから、注意が必要です。例えば、直近で業界の需要が急減していたり、急激な円高進行で円ベースでの金額の目減りが目立つ状況にあったりする場合には、業界の状況の反映が追い付かないことがあり得ます。

③ 業界団体の需要予測の伸び率

　3つ目の方法は、業界団体の需要予測の伸び率を使う方法です。業界統計データを作成している業界団体では、需要予測を公表している場合があります。比較的大きな業界団体であれば、半年おきに需要予測をし直している場合もありますので、直近の状況を反映した予想値として参考になるでしょう。

④ 業界の主要プレイヤーの市場前提

　4つ目の方法は、業界の主要プレイヤーの市場前提を使う方法です。全ての業界に当てはまるとは言えませんが、業界によっては、主要プレイヤーが新年度の業績予想を策定する際に市場前提として、市場の伸び率を決めて開示している場合があります。主要プレイヤーはその上で自社の売上高の伸び率を策定しているのです。自動車業界であれば、自動車部品メーカーは大抵、市場の販売台数の伸び率の前提を決めていますし、建設機械業界であれば、主要プレイヤーであるコマツ、日立建機は決算説明会資料に市場の伸び率を掲載しています。

⑤ 業界の主要プレイヤーの業績予想

　5つ目の方法は、業界の主要プレイヤーの業績予想を使う方法です。大抵の業界は、前述のような市場の伸び率を開示していないことが多いです。そこで、上場している主要プレイヤーの業績予想を活用する、というわけです。具体的には、複数社の売上高の合算値の伸び率を使うなどの方法があります。

5 望ましい需要予測の方法とは

4で取り上げた方法以外にも、例えば部品の業界の場合、完成品（顧客）の業界の市場前提の伸び率を需要予測に使う方法もあります。

このように方法はいろいろとあるわけですが、どの方法が望ましいのでしょうか。理想は、業界の主要プレイヤーが市場の伸び率を決めて定期的に開示していて、その情報が入手できることでしょう。情報開示の進んだ業界であれば、毎四半期更新している場合もあります。

ただし、業界の主要プレイヤーだからと言っても、見方が常に正しいとは限りませんので、過信は禁物です。業界団体や市場調査会社の市場の伸び率も参考になりますが、更新頻度という点では、事業会社が開示する場合よりも低いでしょう。『会社四季報』は更新頻度が高いものの、上場企業がない業界では活用できません。これらのような制約を踏まえた上で、調べる業界の主要プレイヤーの上場の度合いや開示状況に応じて方法を当てはめていくことになります。

事業会社が自社の業績予想を作成する場合、必ずしも業界の市場前提だけでは決まりません。例えば、市場シェアを上げる、といった前提が業績予想に加わる場合、業界の市場前提の伸び率よりも強い伸び率が業績予想には当てはまることになるでしょう。幾つかの前提の積み上げが重要です。そうでなければ、業界の主要プレイヤーは全て業界の市場前提の伸びと同じ売上高の伸びでいいのか、という話になってきます。実務上で業績予想を作る場合には、幾つかの前提を考え、積み上げ式で業績予想を作っていくことになります。

2. 企業業績のリサーチ
～会社計画との比較～

1 会社計画とは

　次に、企業業績のリサーチのケースをみていきましょう。企業業績は、調査対象企業の過去の業績がどうだったかをみる方法や、競合他社の業績と合わせて比較する方法などでその会社の特徴をつかむことができます。調査対象企業単独で過去の業績をみる場合、調査対象企業が公表している会社計画（売上高、営業利益、経常利益、純利益）とその達成度をみると、調査対象企業の特徴を見出すことができます。また、競合他社の業績と合わせてみると、各社の戦略的な違いを見出すことができます。

　会社計画とは、上場企業が開示している新年度の業績予想（売上高、営業利益、経常利益、純利益）のことです。決算短信の最初のページに新年度の業績予想がどれくらいになりそうなのかを各社、開示しています。企業によって情報開示方針が異なり、中には業績予想の開示を行っていない企業もあります。例えば、証券会社は株式市場の変動が激しいため、原則として業績予想を開示していません。多くの上場企業は、自らの上半期の業績と、通期の業績を予想し開示しています。

　会社計画を見れば、新年度の業績がどれくらいになりそうなのかが一目で分かります。従って、先行きを見る上で業績が良くなりそうか、悪くなりそうかが分かります。業界の主要プレイヤーの会社計画を集計すれば、業界全体で先行きがどうなるかも判断がつきやすくなります。

　外部のステークホルダーにとって、会社計画の情報開示は役立っているわけですが、開示されている業績予想は、会社によって開示方針が異なる上、状況

の急変も起こり得るため、その予想の精度はまちまちです。そのため、あまり詳しくない業界を調べる場合には、過去の会社計画とその後の実績値との乖離の度合いを調べてみましょう。調べてみると、上方修正が多い会社と、下方修正が多い会社とが出てくると思います。

　上方修正の回数が多い会社の場合、業界の需要が好調なこともありますが、元々、会社側が公表する業績予想が保守的に組まれている場合もあります。競合他社の業績予想と比較しながら調べてみると、特徴が分かってくることでしょう。また、下方修正の回数が多い会社の場合、業界の需要が厳しいこともありますが、会社側が公表する業績予想の組み方が甘い場合もあります。業績予想の修正がなかったとしても、過去の業績予想を調べてみることで、業績予想を上回る実績になっているか、それとも下回る実績になっているか、どちらのパターンが多いかをチェックしておくと、今後の見方も考えやすくなるでしょう。

2　会社計画との比較からみるケース

では、あるケースをみてみましょう。

ケース4：企業業績のリサーチ（会社計画との比較からみるケース）

> 新人コンサルタントであるA氏は、上司から「ベアリング業界のB社の過去の業績について財務分析して報告してほしい」との依頼を受けました。来週、B社を訪問することになり、そのために過去の業績を把握しておきたいとのことでした。なお、上司からは会社計画とその後の実績の対比もするように、と言われています。

① 手順1：事業会社のIR情報を確認する

　B社のコーポレートサイトのIR情報ページから過去の決算短信をチェックしましょう。IR情報のページから、IRライブラリーの項目をみると、決算短信のタブがあり、そこから過去の決算短信を続けてみることが可能です。

② 手順2：決算短信の決算実績値と、従前の会社計画値の差異を確認する

　次に、第3四半期決算短信の1ページ目記載の営業利益の会社計画と、その次の四半期決算である第4四半期決算短信の1ページ目記載の営業利益の実績とを見比べましょう。実績は会社計画未達となっており、その前の年も同様の結果となっています。要因としては、景気動向や為替変動などの急変によるものとみられますが、この結果から少なくとも会社計画は強めに作られていると言えるでしょう。

③ 報告

　A氏は、B社の会社計画とその後の実績とを比較し、ここ2年ほど、会社計画は未達となっており、会社計画はやや強めに作られる傾向にある、と上司に報告しました。このように、会社側が作成する会社計画のクセをつかんでおくと、会社計画に対する見方が身に付きます。もちろん、景気変動などの外部環境の影響を受けてのものですので、過去の結果がその後も必ず当てはまるとは限りませんが、留意点にはなるでしょう。

　逆に、会社計画を保守的に組み立てて、実績値は常に会社計画値を上回る、といった手堅い作り方をする会社もありますから、会社計画値と実績値を比較することは、新年度の会社計画の伸び率の確からしさを検証する上で有効な手段の一つと言えるでしょう。

3. 企業業績のリサーチ
～競合他社比較～

1 競合他社比較のケース

競合他社の業績と合わせてみると、各社の戦略的な違いを見出すことができます。

ケース5：企業業績のリサーチ（競合他社との比較からみるケース）

> 新人コンサルタントであるA氏は、上司から「特装車業界の新明和工業と競合である極東開発工業の過去の業績とを比較財務分析して報告してほしい。改善策を提案するための下準備に使う」との依頼を受けました。来週、極東開発工業を訪問することになり、そのために過去の業績を把握しておきたいとのことでした。

① **手順1：事業会社のIR情報を確認する**

新明和工業および極東開発工業のコーポレートサイトのIR情報ページから過去の決算短信をチェックしましょう。IR情報のページから、IRライブラリーの項目をみると、決算短信のタブがあり、そこから過去の決算短信を続けてみることが可能です。

② **手順2：決算短信の財務情報を分析する**

次に、直近5年間の両社の決算短信の財務情報を入手し、財務分析しましょう。両社ともダンプトラックを中心とした特装車事業を主力事業として有しています。そこで、両社の特装車事業の売上高と営業利益率を過去

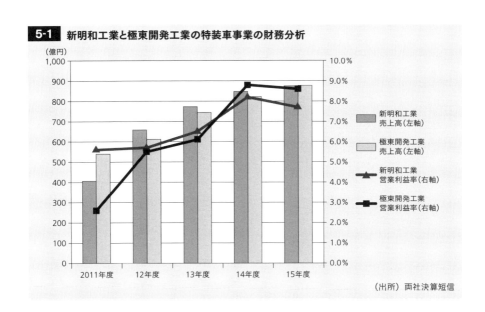

5-1 新明和工業と極東開発工業の特装車事業の財務分析

（出所）両社決算短信

5年分取ってみましょう。

　図表の通り、両社の数字を並べると、推移や売上規模、営業利益率にあまり大きな差はありません。両社とも特装車市場の主要プレイヤーで、市場シェアも拮抗しているためでしょう。特装車の主要機種であるダンプトラックでは、両社合わせて国内シェア9割以上であると言われています。そこで、今度は営業利益ベースの両社の事業ポートフォリオを比較してみましょう。

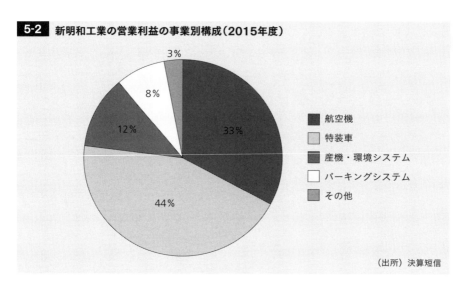

5-2 新明和工業の営業利益の事業別構成（2015年度）

（出所）決算短信

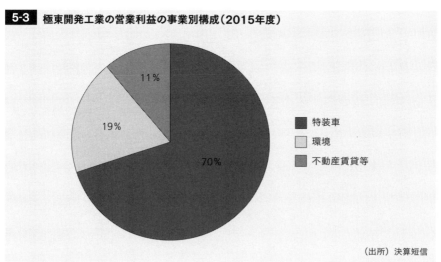

5-3 極東開発工業の営業利益の事業別構成（2015年度）

（出所）決算短信

　両社の事業ポートフォリオをみると、違いがはっきりしてきます。新明和工業は航空機事業と特装車事業の2本柱であるのに対して、極東開発工業は特装車事業の1事業が突出して大きなウェイトを占めています。新明和工業は航空機事業または特装車事業のどちらかが業績不振になっても、

もう1事業でフォローすることができますが、極東開発工業は特装車事業が業績不振になれば、カバーできるだけの収益基盤がありません。また、決算短信をみると、事業別の業績は載っていましたが、海外売上高の掲載がありませんでした。ここから両社とも、日本国内中心の事業展開であることが分かります。

③ 報告

A氏は、新明和工業と極東開発工業の2社を財務分析し、

- 極東開発工業は特装車事業に収益基盤が集中しているため、業績が堅調なうちに第二の事業をM&Aなどで育てる必要がある
- 海外売上高比率が低いようであるので、海外事業展開を強化し、事業成長を図る必要がある

と上司に報告しました。このように、1社単独の財務分析をするだけでなく、競合企業と併せて行うと、より解を得やすくなります。もちろん、正解は一つではありませんので、分析結果が必ず正しいとは限りませんが、一つの切り口にはなるでしょう。

4. 企業業績のリサーチ 〜為替影響の分析〜

1 為替影響の調べ方

　輸出入を行っている業界の場合、為替影響は避けられません。特に輸出産業の場合、円高になれば製品価格の現地通貨ベースでの値上がり要因となってしまったり、現地通貨を円換算した際に目減りが発生したりして、企業業績が悪化します。上場企業の場合、円高になった際の為替感応度を計算して開示しています。

　為替感応度とは、例えば、米ドルが1円変動した際に営業利益でどれだけのマイナスインパクトがあるのか、といったものです。利益面だけでなく、売上高も為替影響を受けますので、本来ならば売上高、営業利益と、項目ごとに為替感応度が必要になるのですが、全てが開示されているわけではありません。最も開示が多いのは営業利益ですが、経常利益ベースでの開示をしている会社もあります。

> **円高→製品価格の外貨ベースでの値上がり→業績悪化**

　開示している情報をベースに為替影響額を推計することが可能になりますが、推計するためには、4つの情報を押さえておく必要があります。

　1）為替感応度（営業利益ベース）
　2）直近決算の為替レートの実績
　3）会社側の業績計画

4）会社側の業績計画における為替レートの前提

です。そのうち、為替感応度と為替レートの実績は、上場企業のウェブサイトにある決算説明会資料に載っていることが多いです。しかし、載っていない場合もありますので、その際には会社に問い合わせてみましょう。輸出産業の企業でも、円建てで取引を行っているため、為替感応度を推計していない場合があります。

また、海外売上高比率が低い会社や、海外現地子会社との内部取引が少ない会社の場合にも推計していないことがあります。一方で、キヤノンのように、決算短信の最後に情報を全て載せてくれている場合もあります。企業によって情報開示の度合いに差がある領域ですので、個々に問い合わせするのがいいでしょう。

2　為替情報を得てどういったことができるのか

為替レートの前提や為替感応度などを得ると、新年度において、どれだけ為替影響額が出るかを予想することができるようになります。例えば、建設機械の竹内製作所の決算説明会資料の例で考えてみましょう。竹内製作所の2016年2月期の決算説明会資料では、2016年2月期の実績や2017年2月期の業績計画について、以下の前提情報が載っています。

1）為替感応度（営業利益ベース）
　米ドルは1円の変動につき、2.56億円
2）2016年2月期の為替実績
　1米ドル：121.25円
3）2017年2月期の為替前提
　1米ドル：107円

2017年2月期の会社計画から何が分かるのか、と言うと、竹内製作所は新年度の計画では107円まで円高になることを想定していて、会社計画には107円の円高までは業績の下振れ要因を織り込んでいる、ということです。

言い換えると、107円よりさらに円高になった場合には、業績の下振れリスクが増しますよ、ということなのです。

　例えば、直近の米ドルの為替レートが100円だったとします。この為替水準だと、会社計画よりも7円分、円高になっていることになります。そうすると、会社計画よりも

$$7円 \times 2.56億円 = 17.92億円$$

だけ、営業利益計画が下振れる可能性がある、ということが推計できます。これが為替感応度を用いた為替影響額の推計です。

　実際には為替レートの水準は一定ではありません。日々、変動しています。第1四半期決算の段階で為替レートが110円であったりすれば、利益の目減りは抑えられることになりますから、推計通りにはならないでしょう。また、コスト削減や売上拡大などの取り組みで為替影響額が目立たなくなることもありますから、会社計画値から為替影響額を差し引いた金額通りに実績が出てくるとは限りません。しかしながら、為替レートが大きく変動した際に先行きを予想する場合には活用できる情報ですから、有益でしょう。

　もし、特定業界全体の為替影響を調べる、ということになると大変な作業になります。1）各上場企業の決算説明会資料を確認する、2）為替情報が載っていない企業には問い合わせする、3）企業ごとに一つ一つ推計して積み上げる、といった作業をすることになりますので、地道な情報収集が必要になるでしょう。

第6章

リサーチ結果をまとめよう

Summary

1. リサーチ結果を出すための準備

1 普段から心がけておくこと

　この章では、リサーチ結果のまとめ方について学んでいきます。業界情報や企業情報を調べる前の段階では、リサーチ結果を導き出すための仮説を見出すことはなかなか難しいです。理想は、普段からリサーチに取り組み、いざという時に引き出しから即座に出せる状態を作っておくことです。そのためには、以下の要領で常日頃から情報を整理しておく必要があります。

　1）情報内容のサマリー
　2）入手時期
　3）出所

　紙媒体で情報を持っている場合も結構あると思いますが、いざ調べた情報を使うとなると、どうしてもPCで入力された情報でないと、まとめる作業に時間がかかります。理想としては、以下の項目のサマリー情報を入手する機会があれば、あらかじめまとめておくことです。

　1）企業のビジネスモデルの概要
　　主な競合、市場シェア、主な用途先、主な地域、主な製品・サービス、主な生産拠点・営業拠点、リスク要因など
　2）業界動向
　　市場規模の推移、情報源となる経済統計または市場調査報告書の出所、経済統計の公表時期など

情報というものはいつ使うかわかりません。引き出しが多ければ多いほど、いざという時に役立ちます。しかもすぐに出せる状態にある引き出しがいくつあるかで、作業時間も変わってきます。

　ちなみにお勧めしたいのは、エクセルでデータベースを作るまとめ方です。ワードは議事録を作成するなどの目的では有益ですが、業績や市場規模の推移などといった数値計算をする場合には不向きです。エクセルなら、シートごとに項目でまとめる、といった分類が可能ですから、シート別に項目を作ってまとめましょう。

2　調査対象の業界がその都度異なる場合

　コンサルタントや、多くの業種を見る営業担当の方などの場合には、顧客の業種がその都度異なるため、企業のビジネスモデルをまとめたりするにも範囲が広すぎて、なかなか難しいと思います。しかしながら、業界単位の市場シェアや市場規模などのデータは、日本経済新聞などを日頃からチェックしていると載ることがありますから、保管しておけば、いざという時に使う機会があるかもしれません。日頃から心がけることの詳細は第7章でまとめておりますので、第7章をご参照いただければと思います。

2. 文章表現上の留意点

1 主張すべき論点を絞る

　この項目では、リサーチ結果をまとめる際の文章表現上の留意点について述べます。リサーチする際に陥りがちなのが、言いたいことが増えてしまうことです。これは、調べごとをしていると、詳しくなる項目が多くなるからです。しかし、主張したい論点が拡散してしまうと、かえって伝えるべき論点がピンぼけしてしまいます。伝えたい結論を先に考え、そこへ導くための論証をつないでいく、という流れに話をまとめることが基本的な構成になります。

2 知っている情報を全ては盛り込まない

　第二に留意したいことは、知っている情報の全ては使わないことです。理想は、自分で調べて知っている情報を100とすると、そのうちの20くらいを使ってまとめ、残り80は質疑応答用に使う、くらいの情報の入れ方がちょうどいいバランスでしょう。知っていることを全て盛り込んでしまうと、質疑応答で答えられる新規項目がなくなってしまいます。また、全てを使うと、成果物としては盛り込み過ぎになってしまう可能性もあります。質疑応答用に使う情報の手持ちカードをいくつか控えておきましょう。

3 難解な用語は避ける

　第三に留意したいことは、難解な用語を極力避けることです。専門用語ばかりが並ぶような表現のまとめ方をすると、知らない人が読んでも理解しにくいです。理解しようと読み込んでも、読みにくいと考えて最後まで読み続ける意

欲をそがれることでしょう。特にカタカナ用語が多すぎるとなかなか頭に入りません。どうしても使わざるを得ない場合には、初出の際に用語説明の注釈文を入れたり、文中で用語説明をしたりしましょう。

4 重複表現を避ける

第四に留意したいことは、重複表現を避けることです。重要な内容だと強調する場合、あえて繰り返す、という方法もありますが、基本的に重複する表現は使わない方が好ましいです。

5 文章は短く区切る

第五に留意したいことは、文章を短く区切ることです。読み手にとって、長い文章は読みにくいです。単文で区切る方が読み手の頭に入りやすいですから、できるだけ短いフレーズで文章を書くことを心がけましょう。

6 見解と事実を分ける

第六に留意したいことは、見解と事実を分けることです。リサーチをすると、今後の業界の先行きがどうなるか、といったことや、リサーチした会社の過去の実績の増益・減益要因などについて、状況が分かるようになってくると思います。しかし、その内容が確実な開示情報があるものなのか、自分が調べた結果から類推されることなのか、をきちんと切り分ける必要があります。確実な裏付けとなる情報があるかどうかを調べた上で記述しましょう。

　例1）2015年度にA社が営業減益になった
　　　→事実
　例2）2015年度にA社は、B製品の売上高が減少したため、営業減益となった
　　　→決算短信や決算説明会資料で会社側が触れているなら事実
　　　→何も開示情報から得られなければ、リサーチから推測される見解

例3）2016年度にA社は新製品・Cを売り出すので営業増益に転じるだろう
　→見解

7　用語を統一する

　第七に留意したいことは、用語を統一することです。同じことを述べるにも、用語が複数あるケースがあります。例えば、ベアリングは別名、軸受とも呼ばれます。複数の表現が使われると、違うことを説明しているように受け取られるリスクが生じますから、同じことを述べる際には、統一した用語を用いましょう。また、同じ用語でも、定義範囲が違う場合があります。
　例えば、工作機械という言葉の場合、日本では削る機械のことを指します。しかし、海外では、プレス機械などの成形する機械のことも工作機械に含んでいる場合があります。定義範囲が国によって異なりますから、世界市場レベルでの話をする場合には、用語定義を明確にする必要性が生じるのです。

8　引用の出所を明記する

　第八に留意したいことは、引用の出所を明記することです。市場シェアや市場規模などの数値情報や、見解を引用する場合などには必ず出所を明記しましょう。特に、実績と予想は切り分ける必要があります。予想は自身によるものか、出所から引用したものなのかは明示が必要です。読み手・聞き手はその出所情報を基にさらに詳細情報を調べることもあり得ますから、出所を明記することは重要です。

9　引用データの出所を統一する

　第九に留意したいことは、引用データの出所の統一です。市場規模を調べる場合には、複数の調査会社が調査・推計していることがあります。国や業界団体の経済統計においても、同じ品目・サービスであっても、調査企業数の違いなどで数値が異なる場合があります。異なる出所のデータを用いてしまうと、

データの連続性が損なわれますので、出所を一つに統一しましょう。

10 読み手・聞き手の知りたいことを優先する

　第十に留意したいことは、読み手・聞き手の知りたいことを優先することです。リサーチする際に陥りがちなのが、読み手・聞き手の知りたいことからずれてしまうことです。これは、調べごとをしていると、どうしても自分が調べたことを盛り込みたい、という考えになりがちだからです。しかし、本来、報告書やプレゼン資料をまとめる目的は、読み手や聞き手が知りたいことを充足させることです。リサーチできる内容の制約から、全てを充足することは難しかったとしても、相手の知りたいことに近づける努力はすべきでしょう。ただし、相手が知りたいことを無理やりひねり出して、まとめた内容の論理が飛躍してしまうのも考えものです。情報として確認できないようであれば、「見解」として述べましょう。

3. 構成のまとめ方

1 媒体を決める

　リサーチ結果をまとめる場合、パワーポイントでまとめることが多いと思います。プレゼン目的でまとめることが多いためです。レポート形式にする場合にはワードです。使用シーンに応じて選択することになると思いますが、パワーポイントの場合には要約した情報をギュッと詰め込む必要があるのに対して、レポート形式の場合にはキーワードだけでなく、その説明文を盛り込むことになりますから、目的に応じて使い分けましょう。

2 ストーリーを決める

　パワーポイント、ワードのいずれにしても必要なのはストーリー構成です。いわば調べて取りまとめた情報を項目別にまとめたものです。しかし、調べた内容を単に項目別にまとめるだけでは不十分です。それぞれの項目のサマリーを抽出した上で、それがストーリーとしてつながっている必要があります。企業分析のリサーチで比較的見かけることが多いまとめ方は、以下の通りです。

　　1）業界動向
　　2）業績動向
　　3）今後の見通し、改善点について

　従って、第1章で触れた4S、すなわち、「Structure（構造）」、「Statistics（統計）」、「Share（シェア）」、「Strategy（戦略）」の4つのSに沿ってまとめていくのが典型的なまとめ方になります。営業担当やコンサルタントの方の

場合、最終的には、リサーチ結果だけでなく、提案書として作成するケースが多いと思います。結論を先に述べて後から理由を展開していく、という流れでストーリーを組み立ててまとめることが多いでしょう。理想は、リサーチ開始前に大枠のストーリーの仮説を立てておくことですが、全てのリサーチが思い通りに運ぶとは限りませんから、状況に応じて仮説を変えていくことが求められます。

3 主要テーマ以外の内容は別添扱いにする

ストーリーをどういった組み立てにするかは個別事情によって異なりますし、正解があるわけではありません。従って、主要テーマをどうするかは個々の判断になると思います。しかし、実際には主要テーマ以外の内容もリサーチしていることが多いかと思います。調べた内容を全て情報として資料に盛り込ませたくなりがちですが、前述の通り、質疑応答対策のカードとして手持ち情報を持っていた方がいいでしょう。

どうしても添付が必要と判断した場合には、別添扱いにして掲載することをお勧めします。例えば、主要テーマでは触れないものの、1）取り上げる企業の過去の業績推移を載せる、2）取り上げる企業の競合他社や類似企業との業績比較推移を載せる、3）取り上げる業界の市場規模の推移を載せる、などの場合です。読み手・聞き手は結論を端的に知りたいものです。資料が大量にあると、読み手・聞き手にとっては分かりづらく感じる確率が上がりますから、提示する資料はできるだけスリム化しましょう。

4. 図表のまとめ方

1　図表の色合いに強弱をつける

　さて、今度は図表を扱う際に最低限注意したい点にいくつか触れたいと思います。資料をまとめるにあたり、パワーポイントやワード、エクセルの機能をうまく使いこなせれば言うことはありません。しかし、全ての人がうまく使いこなす、ということは難しいと思います。そこで最低限、気を遣っていただきたいのが、図表の色合いの強弱です。色合いに気を付けるだけでだいぶ、読み手・聞き手への印象が良くなります。具体的には、次の2点です。

　　1）項目の色は濃い色と薄い色を交互にする
　　2）色彩調和を意識する

　リサーチ結果の成果物を紙に打ち出して印刷する場合、カラーであれば、図表のそれぞれの色がはっきりと出ますが、中には白黒で印刷する場合もあり得ます。白黒で印刷する際、色の濃さがネックで図表の境界が見えにくくなることがあります。これを防ぐのが1）です。円グラフや棒グラフで、複数の項目を表す際には、濃い色の項目の隣りの項目は薄い色に、薄い色の隣りの項目はまた濃い色にすれば、白黒での印刷でも境界線がくっきりと分かり、見やすくなります。

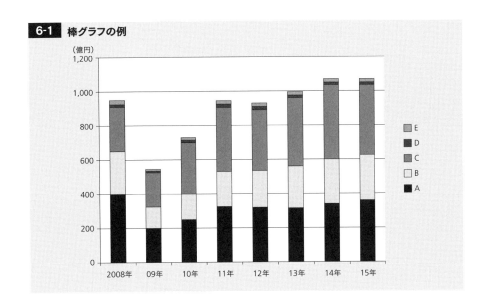

6-1 棒グラフの例

　また、カラーで印刷する場合にも備えて、色彩調和を意識しましょう。絵の具である色とある色を混ぜると違った色に変化すると思いますが、色にも配列があります。具体的に色を12系統に分けると、「赤」→「赤橙」→「橙」→「黄橙」→「黄」→「黄緑」→「緑」→「青緑」→「青」→「青紫」→「紫」→「赤紫」→「赤」と一周して戻ってくる流れです。

6-2 色彩の配列

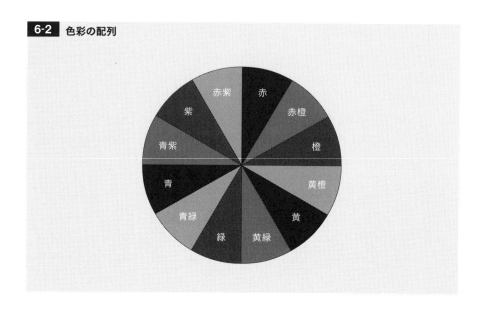

　グラフで異なる項目を扱う際には、この配列の順番と、前述の濃い色と薄い色が交互になるように意識して扱えば、色合いが調和して見やすくなります。例えば、A、B、C、Dの4つの項目を棒グラフで表現する場合、赤色（濃い色）、桃色（薄い色）、青色（濃い色）、水色（薄い色）という順番にする、といった具合です。12系統の色そのものを順番に使わなければならないのではなく、色合いの変化を意識しながら、濃い色と薄い色をちりばめていくくらいの気持ちで扱うといいでしょう。

2 図表はシンプルに

　リサーチ結果を扱う図表は、シンプルが一番です。シンプルな方が相手に伝わりやすいからです。また、リサーチした分析結果が主役であり、図表が主役ではありません。図表をたくさん盛り込んでページ数を稼ぐ調査報告書を見かけることがありますが、これはあまり好ましくないです。なぜなら、読み手・聞き手は結論と端的な分析結果を知りたいからです。前述の通り、主要テーマから離れた図表でどうしても掲載が必要なものについては、別添の扱いにしま

しょう。また、図表がやたらと多い調査報告書を目にした場合には、論旨がしっかりしているのかを注視する必要があるでしょう。最たる例が、バブルチャートの多用です。バブルチャートを使う目的が明確にあるならばいいのですが、形だけ良く見せかけるために使われていることもあり得ます。見た目が良い調査報告書を目にした場合には、見た目に惑わされずに論旨の中身をしっかり確認しましょう。言い換えれば、シンプルではない図表を使う場合には、使うことによる効果をしっかり検証した上で活用しましょう。

3　1項目に図表1つが理想

　理想は、1つの項目に1つの図表という関係が望ましいです。場合によっては、1つの項目で2つや3つの図表を使わざるを得ないこともありますが、図表が多すぎると、どこが説明のメインになっているのかが分かりにくくなります。従って、できるだけ図表の数は抑えましょう。

4　1ページ2〜5分程度のボリュームに

　プレゼン資料を作成する場合、資料は1ページを2〜5分程度を話せるボリュームに抑えるのが理想です。2分程度で話し終わるボリュームに抑えれば、おのずと内容がシンプルになります。5分程度話す内容にすることもありですが、1枚のスライドで長々と話すと、変化がないので聞き手に飽きがきます。逆に短く区切り過ぎてスライドが多過ぎると、聞き手はボリュームがあり過ぎると感じるでしょう。

5　スライドの文字数は抑える

　プレゼン資料を作成する際、スライドの文字数はできるだけ抑えましょう。講演やセミナーなどで目にするプレゼン資料では、文字が多い資料を目にすることがあります。しかし、全ての文字情報がスライドに書かれていると、読み手にはかえって見づらいです。また、話す内容が全て盛り込まれていると、聞き手は配布された資料の方に目がいき、あまり話を聞かない可能性も出てきま

す。全ての文字を盛り込むより、できるだけメモを取ってもらうなど、聞き手に飽きがこずに説明できるようにしましょう。なお、レポート形式の場合には、図表の説明はきちんと過不足なく簡潔に入れましょう。

6 将来予測の部分は表示を変える

　市場規模の推移や業績の推移を図表で扱う場合、将来予測の部分が出てくると思います。実績と予測については、色を分けましょう。具体的には、実績については濃い色に、将来予測の部分については薄い色にしましょう。折れ線グラフの場合には、実績については実線に、将来予測の部分については点線にすると分かりやすいです。

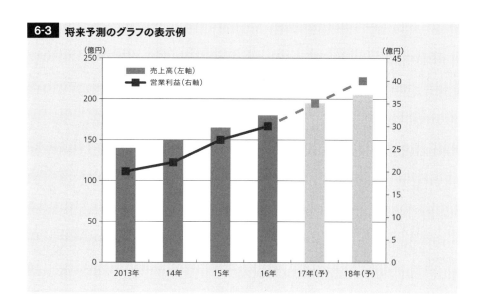

6-3　将来予測のグラフの表示例

7 比較の図ではメインの項目を濃い色・太線で強調させる

　比較分析の図を作成する場合、複数の項目をどう表現するかですが、調査対象となるメインの項目を濃い色や太線で表現すると見やすいです。例えば、折

れ線グラフの場合には、メインの項目は太線にして、その他の項目は細線にしましょう。このやり方をするだけでも、メインの項目が目立つようになります。

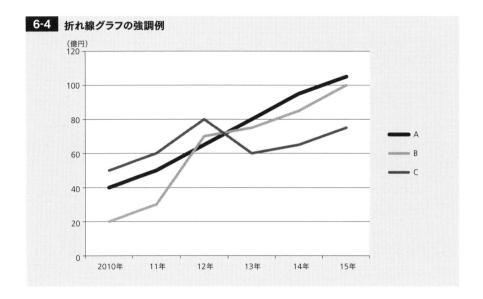

6-4 折れ線グラフの強調例

5. レポート形式でのまとめ方

１ 企業調査報告書のケース

　第４節まではまとめ方について、表現、構成、図表それぞれの概要を述べました。ここでは各論として、企業調査報告書のケースについて簡単に触れたいと思います。企業調査報告書の場合、基本事項として押さえておきたい項目が決まっています。具体的な基本事項は、次の通りです。

　１）会社概要…株主構成、沿革、組織体制など
　２）外部環境分析…市場環境、競合他社分析など
　３）内部環境分析…社員数、勤続年数、事業構造など
　４）業績推移…収益性分析、効率性分析、安全性分析など

　上場企業であれば、これに競合比較分析の中でPER、PBRといった株式指標での競合比較分析が加わります。未上場企業の場合、上場企業より公開情報が少ないため、どうしてもヒアリング形式で情報収集する割合が高くなります。

第7章

よりレベルアップ
するために

Self-
improvement

1. 継続的にニュースを読もう

1 同じ業界を継続的にウォッチしよう

① 日本経済新聞を日々チェックする

　この章では、より良いアウトプットのために日頃意識したいことについて、取り上げます。株式アナリストや記者は、普段から数多くの取材活動を重ねており、取材活動の経験の積み重ねによって、知見を高めています。しかし、一般のビジネスパーソンとしては、頻繁に取材活動を行う機会は得にくいでしょう。このため、日頃から最低限行っていただきたいことは、新聞記事を毎日必ず読むことです。実際に読むべき記事は何なのか、と言えば日本経済新聞が一番です。日本経済新聞社の回し者ではありませんが、こと経済に関する日本経済新聞社のリサーチ力は非常に高いものがあります。日本経済新聞では、決算の実績予想の記事が出ることもあれば、経営統合の速報が流れることもあります。ビジネスパーソンなら大抵読んでいるだろうと言いたいところですが、意外と読んでいない方が多いです。日本経済新聞の購読は、全てのビジネスリサーチの基本になりますので、必ず読む習慣を付けていただきたいです。その上で、気になる記事があったら保存しましょう。

　具体的な日々の作業としては、日本経済新聞の朝刊を毎日読みましょう。夕刊は特に重要ではなく、朝刊が重要です。日本経済新聞の朝刊構成は、前半部を取り出すと主に次のようになっています。

7-1 日本経済新聞朝刊の前半部の構成

面数	項目
1〜3面	総合
4面	政治
5面	経済
6〜7面	国際
不定	広告
不定	アジア
不定	企業
不定	投資情報
不定	マーケット
不定	証券

　前半部は、1〜3面は総合、4面は政治、5面は経済、6〜7面は国際と、大枠が決まっています。8面以降は、項目の順番は変わりませんが、記事の大小で日によって面数が変わります。順番は広告（大きい一面広告です）、アジア、企業、投資情報、マーケット、証券と続きます。

　ビジネスパーソンとして押さえておきたいのは、このうち、総合〜マーケットまでです。総合、政治、経済、国際の項目は個別業界のトピックよりも政治経済全体の内容や、日々重要度の高い企業情報などを記事として扱っています。従ってざっとでも目を通した方がいいでしょう。次に、アジア、企業、投資情報、マーケットも全て目を通す方が望ましいですが、全て目を通すのは、朝ではなかなか時間的余裕がありません。従って、アジア、企業、投資情報、マーケットは自分が関心のある業界に絞ってまずは目を通して、残りは余裕があれば読むようにしましょう。

　記事をチェックする際にお勧めするのが、特定の同一業界について継続的にウォッチすることです。事業会社に所属されている場合には、自然と所属事業会社の業界の情報を意識されているかと思いますが、顧客の事業が多岐にわたる場合には、特定の業界のみを見ることが少ないと思います。その場

合には、継続的にウォッチする業界を決めて、その業界の記事は必ず目を通しましょう。最初のうちは、書いてある内容がよく分からないことが多いと思います。不明な用語が出てきたら、インターネット検索をするなどして確認しましょう。企業欄や投資情報で気になる会社があれば、企業のウェブサイトを見てみるといいと思います。

② **業界新聞はさらに細かい情報を得られる**

　日本経済新聞を読んだ上で、経済的に余裕があれば、さらに1紙、業界新聞を読みましょう。自分が所属している事業会社や担当している業界のものです。製造業全般の場合は日刊工業新聞か日経産業新聞が主要新聞であり、汎用性が高いです。日刊工業新聞の場合、同紙にしか載っていない業界統計もあります。

　日刊工業新聞は、より直近の業界動向が把握できるだけでなく、自動車、機械、化学、電機といった大くくりの業界ごとの情報を得ることが可能です。また、日経産業新聞も同様です。これら2紙は、特定の業界がリリースする際にはまず触れ込みを受ける媒体です。例えば、主要自動車メーカーの月次台数や主要工作機械メーカーの月次受注額は、これら2紙には毎月必ず載っています。主要工作機械メーカーの月次受注額は、各社からの発表がこれら2紙に最初に載るため、工作機械業界の関係者にとっては重要性が高いです。また、射出成形機業界の月次受注台数統計のように、業界団体のウェブサイトには公表がなく、日刊工業新聞のみが毎月不定期に報道している、といった例もあります。

　製造業の場合、日刊工業新聞や日経産業新聞よりさらに細分化した業界新聞があります。自動車業界であれば日刊自動車新聞、化学業界であれば化学工業日報、半導体業界であれば電子デバイス産業新聞、といった具合です。これらの業界新聞はより詳細な業界情報が載っており、有益でしょう。自動車業界の関係者であれば、日刊自動車新聞は必須の購読紙ですし、化学業界の関係者であれば、化学工業日報は必須の購読紙です。化学工業日報には、化学メーカー各社の詳細な報道情報のみならず、素材・化学製品の市況のデータが掲載されており、市況の確認にも活用できます。

業界新聞は、前述の日刊工業新聞や日経産業新聞より詳細な記事情報が満載です。従って、初心者の方ほど、日刊工業新聞や日経産業新聞より難しく感じるかもしれません。しかし、継続的に読めばより業界に詳しくなる可能性は高まるでしょう。

7-2 主な業界新聞一覧

業界	新聞名	
製造業全般	日刊工業新聞	日経産業新聞
農林水産	日本農業新聞	水産新聞
建設	日刊建設工業新聞	日刊建設産業新聞
食料品	日本食糧新聞	食品産業新聞
繊維	繊維ニュース	繊研新聞
医薬品	薬事日報	日刊薬業
化学	化学工業日報	
自動車	日刊自動車新聞	
鉄鋼	日刊鉄鋼新聞	日刊産業新聞
電機・電子部品	電子デバイス産業新聞	
エネルギー	電気新聞	ガスエネルギー新聞
物流	日本流通産業新聞	
小売	日経MJ（流通新聞）	通販新聞
情報通信	日本情報産業新聞	
金融	日本証券新聞	株式新聞
不動産	日刊不動産経済通信	住宅産業新聞
教育	日本教育新聞	
観光	観光経済新聞	

③ 適時開示はより直近の情報が出る

上場企業の場合には、日本取引所グループの適時開示情報閲覧サービス（https://www.release.tdnet.info/inbs/I_main_00.html）をウェブで活用すれば、より直近の開示情報に触れることができます。上場企業が証券取引所を通じて公式発表する開示内容は、全てここに情報が掲載されます。

従って、自分の関心のある企業のリリースがないか、まめにチェックするといいと思います。

また、このサービスは直近1ヶ月間の過去情報をウェブ検索できるようになっています（https://www.release.tdnet.info/index.html）。そのため、前日以前に見落とした内容も過去にさかのぼって調べることが可能です。また、上場企業の決算発表予定日を調べる場合には、各社ウェブサイトに親切に記載してくれている場合もありますが、ない場合もあります。日本取引所グループが各社の決算発表予定日を取りまとめていますので、Excelデータから決算発表日を個別に調べて事前確認することが可能です（http://www.jpx.co.jp/listing/event-schedules/financial-announcement/index.html）。残念ながら発表時刻の記載まではないので、時刻まで調べる場合には、個別に事業会社に確認するしかありません。

2 同じ業界を継続的に追うことの効果

① 業界を見る目が養われる

さて、そもそも同じ業界を継続的に情報収集することで、どんな効果があるのでしょうか？　第一に、徐々に業界知識が身に付きます。同じ業界を継続的に見ていれば、業界の景気動向や新製品・サービスの情報、シェア、決算にも敏感になるでしょう。そして、業界の時事情報をウォッチすることで、業界を見る目が養われますし、慣れてくれば、今後の先行きについても自分の見解が定まってくるでしょう。

理想的な目標は、業界の先行きの見解を自分で言えるようにするところにあります。業界の景気動向が分かるようになれば、業界動向を通じて、景況感も自然と分かるようになるのです。そうなると、新聞を読むのがだんだんと楽しくなってくるでしょう。すると、リサーチをする時間も徐々に短く早くなり、情報のアウトプットの精度も上がるようになります。

玄人レベルにまで達すると、新聞情報の間違いまですぐに気付くようになります。新聞は必ずしも100％正しい情報が載っているわけではないのです。よくある例としては、日本経済新聞の観測記事です。日本経済新聞は、企業の決算が締まる時期前後に企業業績について、観測記事を出すことがありま

す。この報道内容をもとに株価が上下することもあります。しかし、あくまで観測的見解ですので、書かれた内容どおりの結果になるとは必ずしも限りません。また、M&Aや不祥事などの重要記事が1面を飾ることもありますが、これも必ずしも全ての情報が正しいわけではありません。取材情報に基づく観測で出していますから、掲載後に企業側に否定されることもあります。観測記事の情報が正しかったのに、観測記事が出た結果、企業側が態度を変えてしまう、なんてこともあり得るでしょう。

② **特定業界からの視点で他業界を見る目が養われる**
　第二に、特定の業界の視点から他業界を見る目が養われることです。特定業界の動向をベースに他業界を見れば、視野が広がりますし、特定業界の先行きについて、確度が増します。一つ一つは小さな記事情報でも、継続すれば、記事を見た段階で自分なりの見解が持てるようになるでしょう。
　例えば、機械業界の記事情報を日々追っているとしましょう。機械業界は、自動車業界や電子部品業界など、顧客である業界との関係が密接です。自動車業界の生産台数が減少傾向である記事を目にすれば、「機械業界の設備投資、例えば工作機械や産業用ロボットの受注が減るかもしれない」といった連想が浮かぶようになります。逆に、工作機械や産業用ロボットの自動車業界向けの設備投資が減ってくれば、自動車業界の業績に陰りが出てきた、という仮説が浮かぶようになります。

③ **理想は新聞記事を見て次の反応が連想できること**
　理想は新聞記事を見て、次に起きることが連想できることです。例えば、最近では三菱自動車の燃費不正問題が発生しました。この報道を見て、次にどんなことが起きるか考えてみましょう。思い付く例としては、次の通りです。

　　1）三菱自動車の株価下落
　　2）三菱自動車社員の賃金カット・リストラ
　　3）下請け中小企業の仕事量減少・倒産
　　4）地域（水島製作所のある岡山県倉敷市）経済の悪化

5）三菱自動車の上場廃止リスク浮上（最悪の場合倒産）
　6）国（経済産業省）の経済対策実施

　まず、上場企業で悪い報道が出たら、その会社の株価が下がる、というのは連想しやすいと思います。報道内容によっては、社員の賃金カットやリストラが実施される可能性が高まりますし、その下請け中小企業の仕事量が減り、最悪の場合、倒産が発生することが考えられます。そうなれば、三菱自動車の主力工場のある岡山県倉敷市の経済が悪化することも想像がつくでしょう。また、地域経済への影響が大きくなれば、今度は国（経済産業省）が経済対策を実施する、ということも考えられます。
　このように、新聞記事を読むことに慣れてきたら、その記事を見て、次にどんなことが起きるのかを連想する訓練をしてみましょう。思考訓練を積むと、徐々に読んでいるだけで、次に起きる事態が読めるようになります。

3　経済ニュースアプリで記事をチェックする

① 日本経済新聞の電子版

　最近では、紙媒体だけでなく、スマートフォンでチェックできるニュースアプリが増えてきています。紙媒体では、発行する時間が決まっていますから、掲載される記事情報もその日のビジネスパーソンにとっては共通認識になりやすいです。これに対して、ニュースアプリの場合には、随時、速報記事が配信されますので、より直近の動向の情報を得ることが可能です。各新聞社とも、ニュースアプリの提供を行っていますが、経済ニュースアプリとしてまず取り上げたいのは、日本経済新聞の電子版です。日本経済新聞の電子版は、過去の記事も閲覧できるようになっているのが特徴です。速報記事もいち早く読めますし、紙面と合わせて見れば、より充実した情報を得ることが可能でしょう。ただし、無料会員は閲覧記事数に制限があるため、有料会員になることが原則です。日本経済新聞の朝刊で取り上げられた記事内容は、その日のビジネスパーソンの時事的な話題に上ることが多いですし、関係する企業のその日の株価の上下にも影響しますので、日本のビジネスパーソン共通のツールと言っても過言ではないでしょう。

② ユーザベースのNews Picks
　先ほどの日本経済新聞の電子版とは異なり、どこの新聞社にも属さない独立系の経済ニュースアプリも出てきています。それが、ユーザベースが提供するNews Picks（ニューズピックス）という経済ニュースアプリです。この会社は、第4章で取り上げたSPEEDAという業界データベースサービスを提供している会社と同じ会社です。2013年秋からサービスを開始しましたが、このアプリは、トムソン・ロイターや時事通信、ダイヤモンド社など、多くのニュース媒体の記事を閲覧できるキュレーションアプリという特徴を持っています。日本経済新聞社のアプリで読める記事は日本経済新聞の記事のみですが、こちらのニュースアプリは、本来競合関係にある各社のニュースを一つのアプリの中で読めるのです。しかもその多くは無料です。有料会員になると、さらにウォール・ストリート・ジャーナルやニューヨークタイムズなどの記事が読めるほか、News Picks編集部オリジナルの記事も読めるようになります。

　また、このアプリは記事を読むだけでなく、FacebookやTwitterのように記事にコメント欄があり、コメントできる点が特徴です。このアプリ内では、大学教授やエコノミスト、コンサルタント、経営者、記者などの有識者が記事にコメントしていますので、単に記事を閲覧するだけでなく、他の方々のコメントを見ながら記事を読むことができます。また、コメント機能が付いていますので、自分の意見も書くことができます。

③ その他のニュースアプリ
　その他、グノシー（提供会社の社名はGunosy）、SmartNews（スマートニュース、提供会社の社名も同じ）、antenna（アンテナ、提供会社はグライダーアソシエイツ）などのニュースアプリがあり、前述のNews Picksより取り組みが先行しているアプリですが、これらは総合ニュースアプリの位置付けで、必ずしも経済ニュースの割合が多いわけではありません。どちらかというと芸能面やスポーツ面が多い印象です。使い勝手は、人それぞれの好みによって分かれるところですが、経済ニュースに特化する、といった目的の場合には、基本的には日本経済新聞の電子版、News Picksが便利

でしょう。

　なお、ヤフージャパンも2012年7月からYahoo!ニュースBUSINESSなる経済ニュースアプリを提供していましたが、2015年9月でアプリサービスを終了してしまいました。大手企業のヤフーですら撤退する状況ですから、いかにニュースアプリの競争が激しいかが想像できると思います。

4 経済記事についてコメントする

　記事チェックと合わせてもう一段、経済情勢に対する理解力を高めるためにお勧めするのが、記事に対するコメントを書く習慣を付けることです。記事を日々チェックすることも大変重要ですが、読むだけではその記事に対する考えをアウトプットする機会がないため、時間が経ってしまえば、意外と記憶に残りません。そこで、気になった記事について、News PicksやFacebook、Twitterなどで継続的にコメントする習慣を身に付けましょう。

　ただし、いざ、記事にコメントしようとしても、意外と記事についてのコメント内容が浮かばないと思います。理由は、その記事に関する詳しい知識がまだ身に付いていないためです。そこで、記事に関するコメントを書くときにはネット検索して、記事の関連情報を調べてみましょう。それから書くべき内容を考えれば、コメントが書きやすくなるでしょう。

　単に感想的なコメントを書くのではなく、記事を要約することを意識しながらコメントを書きましょう。継続的にコメントを書くと、記事に対する自分なりの見解が持てますし、業界知識も徐々に付いてきます。「継続は力なり」です。半年もコメントを書き続ければ、世の中に対する自分なりの見方がだいぶ身に付くようになることでしょう。

2. 継続的にアナリストレポートを読もう

1 大手企業をチェックする場合

　新聞記事や本以外にも、証券会社が発行しているアナリストレポートも有益です。新聞記事は、特定の事業会社を継続的に記事掲載することは特定の大手企業以外はあまりありませんが、アナリストレポートの場合には、証券会社所属の株式アナリストが、特定の事業会社を継続的にウォッチして随時、アナリストレポートを発行しています。特に大手証券会社（野村證券、大和証券、SMBC日興証券、みずほ証券、三菱UFJモルガン・スタンレー証券）の場合には、時価総額の大きい大手企業中心にアナリストレポートを書いていますので、大手企業を継続的にウォッチする場合には、まずは大手証券会社のアナリストレポートをチェックしましょう。時折、業界レポートを発行している場合もあります。

　証券会社の証券口座を開設すれば、開設した証券会社のアナリストレポートが読めることが多いですが、口座開設でアナリストレポートが読めるかどうか、念のため証券会社に確認してみましょう。

2 中小型企業をチェックする場合

　時価総額の小さい（中小型の）事業会社を継続的にウォッチするには、媒体が限られています。最近では大手証券会社も中小型企業を継続カバーしてはいますが、どちらかというと中堅以下の証券会社（東海東京証券、岡三証券、岩井コスモ証券、丸三証券、水戸証券、いちよし証券など）の方がカバーしていることが多いです。特に中小型企業のカバーが多いのは、いちよし証券です。同社は中小型株に特化している証券会社のため、中小型企業を調べる場合、同

社のアナリストレポートが参考になるでしょう。証券会社の証券口座を開設して、開設した証券会社のアナリストレポートを読みましょう。

3. その他企業情報をチェックしよう

1 『会社四季報』・『日経会社情報』をチェックしよう

　アナリストレポートほどの詳細な情報は出ていませんが、網羅性の高さでは東洋経済新報社の『会社四季報』は有益です。四半期ごとに全上場企業の企業情報のサマリーが出ており、来期および再来期の業績予想（東洋経済新報社の予想）も出ています。個別企業の直近の状況を把握する手がかりにはいいでしょう。この他、日本経済新聞社からも『日経会社情報』が四半期ごとに出ています。網羅性ではこの2社が高いので、参考になるでしょう。特に東洋経済新報社は、半年おきに『会社四季報　未上場会社版』も出していますので、未上場企業の情報も得ることが可能です。

2 本を読み続けよう

　新聞やアナリストレポートなどを読み続けると、読んでもわからないことが結構出てくると思います。そこで、新聞購読と並行して、関連の本を自主的に読み続けましょう。どの本から読めばいいかなどの決まりはありません。最も初期段階であれば、第2章で取り上げたような業界本や仕組み本でもいいですし、ファイナンスやアカウンティングなど、ビジネス分析そのものに弱みを感じていれば、MBA関連の本を読むのもいいかもしれません。大事なのは、「自分で（一定の）知識が身に付いた！」と思えるまで、継続的に自分でテーマを設定して本を読み続けることです。特に業界知識は、最初は難解なものばかりです。しかし、本を継続的に読めば、徐々に拒絶感が薄らぎます。

3　展示会を見に行こう

　新聞や本を読んでもわからないのは、実物の臨場感です。製造業の場合、業種にもよりますが、定期的な展示会を開催していることが多いです。例えば自動車業界の場合、日本では2年に1度、東京モーターショーが開催されます。工作機械業界は国際工作機械見本市が、産業用ロボット業界は国際ロボット展がそれぞれ2年に1度、工作機械と産業用ロボットとで交互に開催されています。半導体製造装置業界では毎年、SEMICON Japanが開催されています。また、2年に1度開催される国際物流総合展のように、製造業のみならず、物流業界全般の展示会もあります。ご自分が関心のある業界について展示会がないか調べて見に行ってみるといいでしょう。フィールド調査の一環にもなりますので、展示会を視察することで、より直近の各社の取り組み状況がわかるでしょう。

4　セミナーに参加しよう

　展示会見学と同様に有効な手段の一つが、セミナーの聴講です。関心ある分野のセミナーが開催されていれば、まずは聴講してみましょう。何でも有効、というわけではないのですが、ご自分が関心のあるテーマであるとか、苦手意識を持っていて詳しくなりたい、と思う分野の場合に参加するのがいいでしょう。セミナーは有料であることが多いため、選択する際にはコスト意識も大事です。

5　身近なものを探そう

　意外と気付かないのが、普段の身の回りです。調べている業界について、よく見たら身近にあるものだった、というケースが結構起こり得ます。調べている最中は、頭の中のもので普段とは別世界のもの、という意識に陥りがちですが、実は身近にあるものの場合、認識間違いに気付かせてくれる可能性があります。

例えば建設機械や特装車は、普段、街を歩いていると工事現場でよく見かけます。油圧ショベルという主要建設機械は工事現場で必ず使われるものですので、建設中の工事現場ではまず置いてありますし、ダンプトラックや車両搭載型クレーンなどの特装車も、土砂や建設資材を運ぶものですので、同じく工事現場では見かけることが多いです。実際に運んでいるところを目にするかもしれません。意識して見ると、メーカーによって塗装の色が異なったりします。身近にある現場を目にすることで、具体的なイメージが身に付くでしょう。意識して見てみるとさまざまな発見に遭遇しますので、だんだんと街を歩くことが楽しくなってくると思います。

6 横のつながりを作ろう

身近なものと同様に気付きにくいことが、横のつながりの効果です。普段、われわれは、所属している組織の中での見方に陥りがちです。例えばメーカーの担当者であれば、その所属会社の見方に縛られがちです。しかし、離れてみれば、違う視点が存在します。実はその視点を知っておけば、未然にリスクを防ぐことができる可能性もあります。つまり、組織の中の見方だけでは限界があるので、他の視点を得る機会を作りましょう、ということです。前述のセミナー聴講もその一例になり得ますし、顧客との対話で気付かされることもあるでしょう。同じ業界の競合他社の担当者との会話の中で気付くこともあるかもしれません。世の中、何が起こるかわかりません。常にアンテナを張って情報収集する意識が大事です。人と人とのコミュニケーションによって生まれる情報は、ネット検索をしても出ていないものが多いですから、所属組織以外の方々とのつながりも大事にしましょう。

7 英語力を身に付けよう

一見、直接の関係がないと思いがちなのが、英語力です。英語力のあるなしでリサーチ力はだいぶ変わってきますから、英語力は日々身に付けるよう取り組みましょう。ちなみになぜ、英語力があるとリサーチ力が変わるかと言えば、次の2点です。

1）海外市場は英語での報道が早いことが多い
　2）世界市場の規模などを調べる場合には英語の情報を見ることになる

　第一に、日本市場においては、日々国内メディアが直近の動向を報じますから、日本語で問題ないのですが、海外市場で起きていることは、日本語より英語で先に報じられることが多いです。例えば、ブルームバーグやトムソン・ロイターといったグローバルメディアがアメリカでの出来事を報じる場合、最初は英語で報道されます。次に、翻訳をかけて日本語で報じます。その分だけタイムラグが生じることになります。英語力が上がれば、英語のメディアの記事情報をインターネットなどで日々読むことも可能になりますから、英語力はあるに越したことはありません。

　第二に、世界市場の規模などを調べる場合には英語の情報が多いです。日本企業が主要プレイヤーである場合には、日本語で情報が取れることが多いですが、通常は英語で最初に公表されることが多いです。例えば、産業用ロボット業界では、国際ロボット連盟（IFR）が世界市場の販売台数や稼働台数を取りまとめていますが、最初に公表するのは英語です。年間で調査報告書を取りまとめていますが、その資料は全て英語です。
　また、第3章で触れた『MARKET SHARE REPORTER』は、主に各製品・サービスの世界シェアをまとめた冊子ですが、中身は全て英文です。英語が読めないと、調べてもわからないものです。従って、最低限の英語力は必要になります。リサーチで必要になるのは専らリーディング力ですので、仮に英語が苦手でも、Google翻訳やWeblio翻訳をかければ、ある程度は読解できます。しかし、英語力がある方が調べる時間は短縮されますので、あった方がお得です。

　ここで、英語以外の言語が必要なのか、という問題がありますが、これはそれぞれの置かれた環境に応じて必要性が変わるものですので、何とも言えません。Google翻訳やWeblio翻訳は他の言語翻訳でも使えますから、ネット検索をする際には、活用すればリサーチの助けになると思います。しかし、画像で貼り付けられている場合には、翻訳にはかけられません。他言語の場合、調

べられることにも限界があることを理解しておく必要があります。中国市場の場合、中国語の情報がどうしても多くなります。このため、中国語がわかる方が助かるわけですが、中国の場合、漢字であることと、製造業については、業界別に業界統計を冊子で発刊しているため、Google翻訳やWeblio翻訳で漢字を調べれば、ある程度は類推でリサーチが進められます。

とにもかくにも、世界市場の場合には英語で情報が出る頻度が高いため、英語力を高めるように英語の記事を読んだり、英会話学校に通ったり、ビジネス用の英単語を覚えるなどの取り組みも重要になってきます。

8　MBAのスキルを身に付けよう

最後に必要なのが、はじめにで触れたようなMBAのスキルを身に付けることです。経営戦略論、財務分析の基本的知識は、リサーチをする上で必須です。これらの知識のあるなしで、発見できる確率が変わりますし、取りまとめをする際の時間やレベルも変わってきます。ビジネスパーソンにとっての共通言語とも言えるスキルですので、もし知識に不安を感じる場合には、関連のビジネス本を読んだり、ビジネススクールの講義を受けに行ったりするなどのスキルアップを図りましょう。

おわりに
本書を執筆して
Sentiment

ビジネスリサーチのカテゴリー確立に向けて

　この本を手に取ってお読みくださり、ありがとうございます。いかがでしたでしょうか。筆者は今回、初めて本を執筆しましたが、完成には約3年の歳月を要しました。この本を執筆することになった直接のきっかけは、ダイヤモンド社さんが企画された著者養成講座でした。半年にわたる講座でしたが、書籍編集局の皆様の熱い情熱と、受講生の方々のバラエティに富んだ経歴と経験に圧倒されたことを覚えています。

　ダイヤモンド社さんには、学生の頃からの思い出があります。ダイヤモンド社さんの本で初めてじっくり読んだ本が、大学生時の経済政策のゼミの教授だった白川一郎氏の『規制緩和の経済学　ゴルディオンの結び目を解く』(1996年5月出版)でした。白川一郎氏は経済企画庁の元審議官で、私が学生だった90年代後半当時は、立命館大学政策科学部教授でした。

　手に取った本の文体が非常に読みやすく、政治経済をわかりやすく説明した内容に当時は興味津々で、ダイヤモンド社さんといえば、「読みやすい」、「わかりやすい」というイメージを植え付けられました。このわかりやすさの追求は、今も仕事での取り組み方にそのまま活かされています。
　また、今から約10年前になりますが、早稲田大学のビジネススクール在学中には、ダイヤモンド社さんから出ていたグロービスさんの『MBAシリーズ』をよく読んで授業に臨みました。

　学生時代の恩師が本を出した出版社から、約20年後にまさか自分が本を出すことになるとは夢にも思っておりませんでした。また、グロービスさんの『MBAシリーズ』で「取り扱いがないな」とビジネススクール在学中に残念に思っていた分野を、まさか自分自身が執筆して出版するとは思っていませんでし

た。しかし、これも何かのご縁かもしれません。

　ビジネスリサーチというカテゴリーは、社会人になると「常識」として片付けられてしまうもので、その「常識」が一般共有化されていないと常々、感じています。知ってしまえば単なる「常識」ですが、その「常識」を教えてくれる存在が世の中では少ないのではないでしょうか。
　リサーチにたった一つの正解はありません。みなさまが考え抜いて出した答えが正解です。この本が、少しでもみなさまの日々のリサーチの基礎の手助けとなれば幸いです。

　最後になりますが、休日にも関わらず講座を実施していただいた今泉様、土江様、市川様、和田様、飯沼様、寺田様など書籍編集局のみなさま、また、編集に携わっていただいた真田様に厚く御礼申し上げます。

[著者]
高辻成彦（たかつじ・なるひこ）
立命館大学政策科学部卒、早稲田大学ファイナンスMBA。いちよし経済研究所（東証1部・いちよし証券の調査部門）のアナリスト。主な職歴は経済産業省、ナブテスコ（東証1部）の広報・IR担当、ユーザベース（東証マザーズ）のシニアアナリスト。経済産業省在籍時は経済波及効果測定のための経済統計である産業連関表の時系列表作成に参画。ナブテスコの広報・IR担当時は日本IR協議会によるIR優良企業特別賞の所属会社初受賞に貢献。ユーザベース在籍時は業界・企業情報サービス・SPEEDAの業界レポート作成や、経済ニュースアプリ・News Picksの経済コメント活動に勤め、最古参ユーザーとして8万人以上のフォロワーを得る。現職では企業取材活動をもとに年間約200本のアナリストレポートを発行。日経ヴェリタスのアナリストランキングにランクイン。

アナリストが教えるリサーチの教科書
――自分でできる情報収集・分析の基本

2017年5月24日　第1刷発行

著　者――高辻成彦
発行所――ダイヤモンド社
　　　　〒150-8409　東京都渋谷区神宮前6-12-17
　　　　http://www.diamond.co.jp/
　　　　電話／03・5778・7232（編集）　03・5778・7240（販売）

装丁―――竹内雄二
本文デザイン―布施育哉
製作進行――ダイヤモンド・グラフィック社
印刷―――堀内印刷所（本文）・共栄メディア（カバー）
製本―――加藤製本
編集担当――真田友美

©2017 Naruhiko Takatsuji
ISBN 978-4-478-06139-8

落丁・乱丁本はお手数ですが小社営業局宛にお送りください。送料小社負担にてお取替えいたします。但し、古書店で購入されたものについてはお取替えできません。
無断転載・複製を禁ず
Printed in Japan